Atanaska Stoyanova

Loslassen und Gott überlassen

Lukas 18:27

Jesus aber sprach: Was bei den Menschen unmöglich ist, das ist bei Gott möglich.

Inhalt

Vorwort:

Dieses Buch entstand in einer Zeit, in der sich die Welt von jetzt auf gleich änderte, nämlich im Jahr 2020.

Für mich persönlich hat das Jahr sehr positiv angefangen: große Pläne beruflich und privat, endlich neue Perspektiven. Das waren aber meine Pläne und ich musste bald lernen, dass meine Pläne nicht die Pläne sind, die Gott für mich hat. Zuerst kam im Jahr 2020 die sog. „Pandemie". Eine „Pandemie", die die Hoffnung in vielen Menschen ausgelöscht, die die Sicherheiten der Menschen auf dieser Erde entwertet und die Menschen gegeneinander ausgespielt hat. Ich habe bemerkt, dass ich sehr lange Zeit mein Leben auf das falsche Fundament aufgebaut habe: mein Studium, mein Beruf, meine Pläne. Alles drehte sich nur noch um mich und ich habe es jahrelang nicht mal bemerkt. Mein Studium konnte mir auf einmal nicht weiterhelfen. Alles, was ich während meines juristischen Studiums gelernt habe, spielte auf einmal in diesem Land keine Rolle mehr. Auf einmal spielten in Deutschland Grundrechte und Verfassung keine Rolle mehr. Ich musste zusehen, wie die Trennung zwischen den drei Staatsgewalten sich auflöste und das Fundament des Rechtsstaates zerstört wurde. Die Menschenwürde war auf einmal nicht mehr relevant. Alles, worauf ich in meinem irdischen Leben vertraut habe, nämlich die Gesetzbücher, die ich sechs Jahre lang studierte und an die ich geglaubt hatte, war weg. Es fühlte sich so an, als ob mir der Boden unter den Füßen entzogen wurde, plötzlich und ohne Vorwarnung. Noch dazu wurde Seppi, mein Hund „unheilbar" krank. Die Ärzte sagten mir, dass der kleine Kerl noch zwei bis drei Monate zu leben hat. Ich habe keinen Sinn in meinem Beruf gesehen. Ich wusste überhaupt nicht, warum das alles auf einmal passiert. Alles zerbrach vor meinen Augen und ich war machtlos. Ich konnte nichts und rein gar nichts mit eigener Kraft an dieser Situation ändern.

Menschen konnten mir keine Antworten, keine Hoffnung und keine Zuversicht mehr geben. So habe ich angefangen, mich ausschließlich auf Gott zu konzentrieren. Wenn ich Fragen hatte, habe ich die Antworten in der Bibel oder in guten Predigten gefunden. In diesem Jahr passierte so viel in meinem Leben. Ich habe die unglaublichsten Sachen erlebt: Heilung, Frieden, Erkenntnisse usw. Alles passierte auf Basis meines Glaubens. Zum ersten Mal in meinem Leben habe ich ohne Anstrengungen, ohne Mühe, ohne Sorgen und ohne Stress alles bekommen, was ich brauchte. Alles fiel mir zu und das Beste war, dass dies mühelos passierte. Ich habe Gott zum ersten Mal im Leben 100% Freiraum gegeben; Freiraum in meinem Leben zu wirken, wie er will. Ich habe aufgehört, ihm im Wege zu stehen und ihn zu behindern und er konnte endlich ungestört in meinem Leben die Ordnung herstellen. Mir wurde zum ersten Mal klar, wie wichtig es ist, jeden Tag mit Gott zu leben, nicht ein bisschen, nicht lauwarm, sondern 100 % mit Gott zu leben. Dieses Buch dient nicht dazu, Fragen zu beantworten, sondern dazu, Menschen zu bewegen, sich Fragen zu stellen, die sie sich vielleicht noch nie im Leben gestellt haben, das Leben aus einer ganz anderen Perspektive zu sehen und den inneren Kompass umzudrehen.

- Du bist momentan in einer schwierigen Phase?

- Du siehst momentan wenig Hoffnung oder Sinn in dem weltlichen Leben?

- Dich oder jemanden in deiner Familie/Freundeskreis plagt eine Krankheit?

- Du hast erkannt, dass dir diese Welt niemals das geben kann, was Du brauchst, nämlich Frieden, Hoffnung, Zuversicht und Freude?

- Du willst wissen, ob Dich Gott kennt, beobachtet und sieht, ob Du Gott schon begegnet bist und ihm bewusst oder unbewusst den Rücken zugekehrt hast?

Wie fühlst Du dich bei der letzten Frage? Was empfindest Du bei dieser Frage: Hoffnung, Dankbarkeit, Angst, Furcht? Fühlst Du dich besonders oder macht dich dieser Gedanke unsicher? Vielleicht ist es dir unangenehm, aber vielleicht hast Du ein großes Interesse zu erfahren, wie uns Gott sieht und auf welche Menschen sich Gott konzentriert und welche er in seinem Fokus behält.

Vielleicht wollte Gott schon dein Leben zum Durchbruch bringen, aber Du hast selbst dagegen rebelliert, wie ich es jahrelang gemacht habe. Ich weiß nicht, inwieweit es dir bewusst ist, dass wir alle unter Gottes Autorität stehen. Denn ein unumstrittener Fakt ist, dass der Schöpfer existiert. Keinem ist es gelungen, dies zu widerlegen. Ganz im Gegenteil: alle, die beweisen wollten, dass Gott nicht existiert, sind die treusten Gottesmenschen geworden, weil sie bei ihren Studien Gott kennengelernt haben.

Fakt ist, dass Gott dich kennt, ja ganz genau, er kennt <u>Dich</u> persönlich! Die Frage ist: kennst du ihn auch? Willst Du ihn kennenlernen? Möglich ist, dass Du dich auf die Suche begibst, nachdem Du das Buch gelesen hast! In Matthäus 7, 8 sagt Jesus: „Denn wer da bittet, der empfängt; und wer da sucht, der findet, und wer da anklopft, dem wird aufgetan.

Lieber Leser, liebe Leserin,

ich wünsche Dir von ganzem Herzen, dass Du dich auf die Suche begibst! Du wirst staunen, wie sich dein Leben auf einmal verändert, wenn Du Gott wirken lässt und ihm die Kontrolle über dein Leben überlässt. Du wirst staunen wie viele Geheimnisse Du vor dir selbst hattest, die dich sehr oft von der Freude entfernt haben, die Gott für dich vorbereitet hat. Hab den Mut loszulassen und Gott alles zu überlassen. Gott macht keine Fehler wie wir Menschen. Er lässt uns alles zufallen und alles, was uns zufällt, ist perfekt!

Ich wünsche Dir und Deiner Familie Gottes Segen im Überfluss und würde mich sehr darüber freuen, wenn Du mich wissen lässt, ob und wie sich dieses Buch in Deinem Leben ausgewirkt hat.

Schreib mir: as_buch@yahoo.com

Alles sollte so passieren, wie es passiert ist, sonst wäre ich nie zur Umkehr gekommen. Ich danke Gott für seine Geduld mit mir.

1. Warum ist es so schwer für manche Menschen an Gott zu glauben?

Um sich diese Frage selbst zu beantworten, sollte man sich ehrlich die Frage stellen: kann ich jemandem vertrauen oder an jemanden glauben, den ich nicht kenne? Es gibt Menschen, die nach Gefühl auch Fremden vertrauen können. In manchen Situationen ist es sogar vorteilhaft, weil man ohne Vorurteile handelt, aber bleiben wir realistisch. Würdest du jemandem vertrauen, den du nicht kennst? Die Antwort bei den meisten Menschen würde lauten: „nein". Das ist die eine Antwort an die oben gestellte Frage. Also die richtige Frage sollte dann lauten: **„Kennst Du Gott, wie weit bist Du entfernt von Gott?"** Kennst Du ihn so gut, dass Du ihm vertrauen kannst? Kennst Du ihn so gut, dass Du an ihn glauben kannst?

Wer ist Gott? Ich selbst bin nicht in einer Familie aufgewachsen, wo man intensiv mit Gott gelebt hat. Es waren Rituale, die wir gefeiert haben. Wir haben Ostern und Weihnachten gefeiert, aber ich wusste weder was Ostern noch was Weihnachten ist. Es war ein Ritual: alle haben an diesen Tagen ihre Familien besucht, also taten wir das auch. Wir besuchten oder verbrachten diese Tage mit unseren Eltern und Großeltern. Mein Großvater war ein Kommunist, dh. er wurde dazu erzogen, Gott zu verleugnen. In seiner Anwesenheit durfte man oder besser gesagt, sollte man, Gott nicht erwähnen. Aber auch er hat sich immer an diesen Ritualen beteiligt und es war selbstverständlich auch für ihn solche Rituale zu feiern. Was will ich damit sagen? Ich will zum Ausdruck bringen, dass wir durch Rituale (orthodoxe, katholische, evangelische und viele andere Rituale) von Gott entfernt wurden. Die Menschen haben gelernt, unlogischen Ritualen, die sie nicht verstehen, zu folgen. Dabei haben die meisten davon aber nie verstanden, wer Gott ist.

Ich konnte lange Zeit nicht verstehen, was für eine Bedeutung die Taufe hat und wer Jesus ist, wer ist Gott, warum man von dem Heiligen Geist spricht. Warum wurde Jesus geboren und umgebracht - wo war der Sinn? Wer ist der Heilige Geist? Warum redet man von der Dreieinheit: Vater, Sohn und Heiliger Geist? Ich hatte so viele Fragen und dennoch kannte ich keine Menschen, die mir das erklären können. Immer als ich in einer Kirche war, habe ich geweint. Nicht etwa, weil ich traurig war, sondern weil ich spürte, dass mir etwas fehlt. Ich wusste nur nicht, was genau mir fehlte. Ich war auf der Suche, aber wusste selbst nicht, wonach ich suche. Heute weiß ich es: Gott fehlte mir. Die Beziehung und das enge Zusammenleben mit Gott fehlten mir. Das Fundament in meinem Leben, dh. meine Identität fehlte mir. Ich konnte früher nicht verstehen, wer Gott ist. Deswegen konnte ich nicht an Gott glauben. Wie kann ich jemandem vertrauen, den ich weder kenne noch eine Vorstellung von ihm habe. Ich glaube, dass es viele Menschen gibt, die wahrhaftig an Gott glauben wollen, aber aus den oben genannten Gründen in ihrem Glauben gelähmt, bzw. blockiert sind.

Was war der ursprüngliche Gedanke von Gott? Wie war das als Gott die Erde geschaffen hat? Wie wird es sein, wenn die Erde nicht mehr existiert? Was passiert, wenn das Leben hier zu Ende geht? Wir bleiben nicht ewig hier. Das menschliche Leben ist begrenzt auf dieser Erde. Diese Fragen haben mich erst 2015 interessiert. 2015 habe ich meine Mutter verloren. Mit ihr verlor ich damals alles. Mir wurde alles von jetzt auf gleich weggenommen, als ob jemand mir den Boden unter den Füßen genommen hat. Ich fühlte nichts mehr. Am Anfang habe ich gedacht, diese Gefühllosigkeit ist nur vorübergehend. Es war aber nicht so: es vergingen Monate und es änderte sich nichts. Meine Seele war leer. Die Welt hat mir beigebracht stark zu sein, keine Gefühle nach außen zu zeigen. Ich arbeitete weiter. Während der Arbeit konnte ich alles unterdrücken und irgendwie funktionieren. Jeden Tag, sobald ich das Büro verlassen hatte, musste ich mich meiner innerlichen Leere stellen und da verlor ich immer wieder den Kampf, es war jeden Tag dasselbe. Vorgespielte Stärke und Kraft in der Arbeit, Zusammenbruch jeden Tag gleich nach der Arbeit. Ich habe in dieser Zeit versucht, die Erwartungen der Welt an mich zu erfüllen. Kein Arzt konnte mich aus diesem Loch rausziehen. Ich habe die Aussichtslosigkeit zum ersten Mal in meinem Leben gespürt. Keiner konnte mir helfen, Keiner. Ich weiß nicht, wie viele Menschen es sich vorstellen können, was es bedeutet, nichts zu fühlen. Es ist schrecklich, es ist grausam. Es ist zwar nicht gut negative Gefühle wie Hass, Enttäuschung und Wut zu haben, aber in diesem Moment wurde mir klar, dass ich mich sogar auf solche sehr negativen Gefühle gefreut hätte. Denn das wären negative Gefühle gewesen, aber immerhin Gefühle. Mich beschäftigte nur noch ein Gedanke und dieser war: Was passiert nach dem Tod und wo ist der geliebte Mensch auf einmal hin? Kein Mensch konnte mir das beantworten. Ich hatte Schuldgefühle. Meine Mutter wurde von jetzt auf gleich ins Krankenhaus geliefert, gleich in der Intensivstation und gleich in ein künstliches Koma versetzt. Keiner durfte zu ihr, mein Bruder und mein Vater haben kaum Informationen von den Ärzten bekommen. Ich war in Deutschland und sie in Bulgarien. Sie war ca. zwei Wochen im Koma. Danach wurde sie aus dem künstlichen Koma zurückgeholt und in ein Privatkrankenhaus verlegt. Eine Woche später starb sie. Ich wollte die Realität nicht einsehen. Ich dachte, meine Mutter wird nicht sterben. Das kann nicht passieren, sie ist meine Mutter und alles wird gut. Sie wird leben, weil ich sie brauche und ohne sie nicht kann. Ich habe die Realität verdrängt und bin nicht sofort nach Bulgarien geflogen. Genau das quälte mich nach ihrem Tod. Ich konnte es mir nicht verzeihen, dass ich nicht sofort nach Bulgarien geflogen bin. Ich habe mich jeden Tag selbst verurteilt und mir die Frage gestellt: Wollte sie mich sehen? Bestimmt! Denn meine Mutter hat für ihre Kinder gelebt - für mich und meinen Bruder. Meine Gedanken waren: „Sie hat alles für dich gemacht, Sie war immer bedingungslos für dich da, immer. Einmal hat sie dich gebraucht und du warst nicht da. Du hast die Realität verdrängt, weil es so leichter war, weil du die Realität nicht akzeptieren wolltest. War sie enttäuscht, weil ihre Tochter, die sie so sehr liebte, nicht sofort kam?" Es waren schreckliche Gedanken und die Vorwürfe, die ich mir jeden Tag machte, waren noch schrecklicher. Ich fühlte nichts: weder Positives noch Negatives. Ich war nicht mal in der Lage die Frage zu beantworten, wie es mir geht. Immer als mich jemand gefragt hat „wie geht es dir, bzw. Ihnen" blockierte alles in mir und ich konnte stundenlang nichts mehr sagen, ich war wie gelähmt. Ich konnte diese Frage nicht beantworten, weil ich selbst nicht wusste, wie es mir geht. Ich fühlte nichts. Ich hatte Angst vor meiner Zukunft. Ich dachte, dass ich nie mit dieser Trauer fertig werde, nie wieder normal werde. Ich hatte Angst vor meinem Zustand. Ein Mensch ohne Seele; ein Mensch, der nichts fühlt; ein Mensch, der sich selbst verurteilt und sich selbst nicht verzeihen konnte; ein Mensch, der nicht mal wusste, wie es ihm geht; ein Mensch, der sein eigenes Ich verloren hat. Wie konnte so ein Mensch noch leben?

An einem Freitagabend, an dem mich der Gedanke an das Wochenende so grauste, weil ich am Wochenende nicht arbeiten musste und mich wieder meinem leeren „Ich" gegenüberstellen musste, habe ich festgestellt, dass ich nicht mehr so leben kann. Es war auch nicht so einfach, sich das Leben zu nehmen, um diese Qual einfach zu beenden. Ich habe einen Hund: Seppi, den ich jeden Tag versorgen soll. Er braucht mich. Einzig und allein wegen Seppi musste ich leben, ich wusste nur nicht, wie. Meine Gedanken waren: „Wer kümmert sich um ihn, wie verkraftet er den Verlust, wenn ich nicht mehr für ihn hier bin? Wird man ihn so lieben, wie ich ihn liebe, wird man bereit sein, alles für ihn zu tun, damit es ihm gut geht." Diese Fragen konnte ich nicht mit einem klaren „Ja" beantworten, also war ich „gezwungen" zu leben. Ich wusste nur noch nicht wie.

Ich hatte nur noch die Worte von einer Freundin im Kopf, die ich ca. zwei Monate vor dem Tod meiner Mutter kennengelernt hatte. Sie erzählte mir immer wieder von Gott, von Jesus und von ihrem Glauben. Sie erzählte mir, dass Gott uns immer helfen kann, egal in welcher Lage wir uns befinden. Ich beneidete diese Frau, weil sie an Gott glauben konnte und ich nicht. Ich wollte, aber ich konnte nicht.

Nachdem ich keine andere Hilfe hatte und allein nicht klarkam, aber dennoch leben musste, habe ich mich entschlossen, Gott um Hilfe zu bitten, denn an diesem Freitag hatte ich gesehen und erkannt, wie groß meine Hoffnungslosigkeit und Machtlosigkeit ist. Ich wusste nicht, wer Gott ist, ich wusste nicht, ob er mich hört oder sieht. Ich wusste nur, dass er meine letzte Chance ist.

An diesem Abend habe ich zu Gott geschrien, es passierte spontan in meiner Verzweiflung. Es war nicht geplant, daher habe ich nichts erwartet. Mein Schrei lautete: „Gott gibt es dich wirklich? Warum erzählen so viele Menschen von Dir? Siehst du mich? Kennst du meinen Schmerz? Kannst Du mir helfen? Ich weiß nicht, wie man betet, aber ich brauche deine Hilfe. Hilf mir diesen Verlust zu überwinden. Erlaube mir Abschied zu nehmen, damit ich abschließen kann oder lass mich sterben." In diesem Moment habe ich zum ersten Mal in meinem Leben gespürt, wie schwach ich bin, wie machtlos ich bin. So schwach, dass ich nicht mal die Kontrolle über mich selbst hatte, die Kontrolle über mein eigenes Leben. Ich wusste nur, dass es so weit ist, dass ich am Montag nicht mehr in der Lage sein werde, ins Büro zu gehen. Es war alles aus ich konnte mich nicht mehr verstellen und vorspielen, dass alles in Ordnung sei. Ich hatte keine Kraft mehr, alles war sinnlos. Ich wusste nicht, wie ich weiterleben kann. Meine Vorwürfe mir gegenüber haben mich zerstört. Ich war zum ersten Mal im Leben gezwungen, so um Hilfe zu flehen. An diesem Abend war Gott da. Ohne etwas zu erwarten, lag ich im Bett. Auf einmal habe ich die Hände von meiner Mutter gespürt, genauso wie sie meine Hände immer hielt als ich traurig war oder weinte. Genauso hielt sie mir jetzt wieder die Hände. Es war so schön, es war so warm, ich war wie gelähmt - nicht in der Lage etwas zu sagen. Ich wollte nur noch laut sagen: „Bleib da" aber ich konnte kein Wort sagen. In diesem Moment sind nur noch Tränen geflossen, ich konnte mich nicht bewegen. Meine Gedanken waren: „Ich will nicht, dass es aufhört. Ich will nicht, dass dieser Moment vorbei ist." Es war Liebe und Gnade. Gottes Liebe und Gottes Gnade. Ich weiß es bis zum heutigen Tag nicht, wie lange es dauerte. Ich weiß nur, dass ich an diesem Abend schlafen konnte. Es hat sich alles verändert: ich war beruhigt, ich konnte Abschied nehmen und habe mir somit verzeihen können, dass ich nicht sofort nach Bulgarien geflogen bin. Auf einmal wusste ich, dass alles in Ordnung ist, dass meine Mutter nicht leidet und es ihr gut geht. Gott kennt unsere Herzen besser als wir selbst. Er weiß besser, was wir brauchen. Er wusste ganz genau, dass ich nicht weiterleben konnte, ohne Abschied von meiner Mutter nehmen zu können, ohne mir selbst verzeihen zu können und deswegen hat er es mir erlaubt, mich zu verabschieden. Ich bin so dankbar dafür, dass ich an diesem Abend Gott um Hilfe gebeten habe. Gott wartet auf uns, er wird uns immer helfen, wenn wir ihn um Hilfe bitten und bereit sind, seine Hilfe anzunehmen. Er wird sich nie aufdrängen. Er wartet auf uns, bis wir bereit sind, seine Hilfe anzunehmen. **Gottes Liebe kann man nicht in Worten fassen! Gottes Liebe muss man erleben, um sie zu verstehen!**

Am nächsten Tag war ich nicht wieder zu erkennen. Ich konnte wieder fühlen, ich konnte wieder normal reden - auch darüber, wie es mir geht. Das „Menschliche" kam in mich zurück. Meine Fragen waren beantwortet. Ich wusste, dass es nach dem Tod ein Leben gibt und ich wusste, dass es meiner Mutter gut geht. Ich glaube, das sind die Fragen, die jeden quälen, wenn es um den Verlust eines geliebten Menschen geht und vor allem, wenn es so schnell geht, dass man sich nicht mal verabschieden kann. In diesen Momenten ist die schlimmste Frage für die Hinterbliebenen: „wo ist mein geliebter Mensch, was passiert nach dem Tod, geht es dem Verstorbenen gut, wo ist er oder sie?

Fragen, die uns Menschen nicht beantworten können. Das sind Fragen, die Gott allein und sehr persönlich mit dir bespricht und dir beantwortet. Gott gibt jedem Einzelnen von uns eine individuelle, sehr persönliche und intime Antwort.

Nicht die Zeit heilt alle Wunden, sondern Jesus! Die Zeit hätte meine Wunden nach diesem Verlust nie heilen können. Jesus hat das in ein paar Sekunden gemacht!

So entstand bei mir die Beziehung mit Gott. Eine Beziehung, die von Tag zu Tag stärker und stärker wurde. Eine Beziehung, die im Jahr 2020 die Gravitation in meinem Leben wurde. Ich habe die letzte Zeit oft gehört: „ich glaube schon an Gott, aber nicht so wie Du, bzw. Sie." Meine Antwort lautet mittlerweile: **Ich glaube nicht an Gott, ich weiß, dass er da ist. Ich kenne ihn.** Denn das Wort „Glauben" in der deutschen Sprache erfüllt mich nicht so, wenn es um Gott geht. Die Menschen sagen: „Ich glaube, dass es morgen schön wird", aber nehmen trotzdem am nächsten Tag vorsichtshalber eine Jacke mit. Verstehst Du jetzt, warum mir persönlich das Wort „Glauben" viel zu wenig ist, wenn es um Gott geht. Es gibt ein altes Sprichwort auf Deutsch: „Glauben ist nicht Wissen", ich WEISS ABER GANZ GEWISS, dass es GOTT gibt, er für mich da ist und ich ihm zu 100% vertrauen kann.

Eigentlich wollte ich nicht so weit gehen und so viel von mir und meinem Leben in diesem Buch erzählen, aber ich konnte nicht anders. Denn wie kann ich Gott verherrlichen, wenn ich seine Wunder und sein Wirken in meinem Leben verschweige? Dieses Buch soll Hoffnung in hoffnungslosen Momenten geben. Dieses Buch soll deine Verzweiflung zu deiner Stärke mit Gott an deiner Seite machen. Dieses Buch soll Dich dazu bewegen, dein Leben von einer ganz anderen Perspektive zu sehen. Die Perspektive heißt **Immanuel = Gott mit Dir.**

2. Gottes ursprünglicher Gedanke, als er die Erde schuf

Als Gott die Erde schuf und sich sein Werk nach Vollendung angeschaut hat, war er glücklich.

1. Mose 1,31: „Und Gott sah an alles, was er gemacht hatte, und siehe, es war sehr schön." 1. Mose 1,27 „Und Gott schuf den Menschen zu seinem Bilde, zum Bilde Gottes schuf er ihn; und schuf sie als Mann und Frau."

Also am Anfang war alles sehr schön, der Mensch wurde als Ebenbild Gottes geschaffen. Das heißt, der ursprüngliche Zustand war ein Leben ohne Grenzen, ein ewiges Leben mit Gott, ohne Krankheiten, ohne Leid, ohne Armut, ohne Verlust, ein Leben in Fülle. Der Mensch wurde als Ebenbild Gottes geschaffen. Gott wollte mit uns leben, er wollte keine Trennung, er hat ein ewiges Leben für uns vorbereitet. Ein Leben mit ihm, ein Leben, das auf Vertrauen basierte. Gott hat mit den Menschen am Anfang gesprochen, sie konnten ihn hören, sie hatten dieses unglaubliche Privileg in Ihrem Leben. Mit Gott zu leben, war nicht wie heute etwas Besonderes oder etwas Anderes, bzw. etwas Außergewöhnliches, was man selten sieht. Mit Gott zu leben, war der ursprüngliche Zustand, der ursprüngliche Gedanke von Gott. Gott wollte diese Trennung nie haben. Er hat den Menschen alles gegeben, was sie brauchen, um glücklich, mühelos, ohne Sorgen, gesund und friedlich zu leben. Es mangelte an nichts: die Menschen lebten zusammen mit ihrem Schöpfer bis zum Sündenfall.

3. Was passierte nach dem Sündenfall? Was ist die Sünde?

Bis zum Sündenfall durften die Menschen alles - alles außer die Früchte des Baumes in der Mitte des Gartens essen. Dann kam die Schlange, in der Bibel auch Teufel, Drache, Satan genannt. Die Schlange überlistete die Frau Eva. Die Frau aß von der Frucht des verbotenen Baumes und gab ihrem Mann auch zu essen von der verbotenen Frucht.

1. Mose 3,7-9: „da wurden ihnen beiden die Augen aufgetan, und sie wurden gewahr, dass sie nackt waren, und flochten Feigenblätter zusammen und machten sich Schürze. Und sie hörten Gott den Herrn, wie er im Garten ging, als der Tag kühl geworden war. Und Adam versteckte sich mit seinem Weibe vor dem Angesicht Gottes des Herrn unter den Bäumen im Garten. Und Gott der Herr rief Adam und sprach zu ihm: wo bist du?"

Also, bis zum Sündenfall konnten die Menschen Gott sehen. Denn wir lesen, dass sich Adam mit seinem Weibe vor dem Angesicht Gottes des Herrn versteckte. Das war zum ersten Mal, dass der Mensch sich vor Gott versteckte, sich von Gott entfernte. Nicht Gott entfernte sich von den Menschen, sondern die Menschen von Gott. Auf einmal fürchteten sich die Menschen vor Gott. Die Beziehung, die auf gegenseitigem Vertrauen basierte, war zerstört. Also, was sehen wir hier? Was war die Sünde? Die Sünde entfernte die Menschen von Gott. Die Menschen haben angefangen sich gegenseitig zu beschuldigen. Adam gab die Schuld Eva, Eva gab die Schuld der Schlange. Keiner hat die Schuld bei sich gesucht. Und so kam der Stolz. Der Stolz, der die Menschen hindert, ihre eigenen Fehler zu sehen, ihre Schwäche zuzugeben, die Verantwortung für ihr eigenes Handeln zu übernehmen. So kam der Tod: das Leben war auf einmal nicht mehr ewig, sondern begrenzt. Kurze Zeit später kam der Neid, der erste Mord, die Lüge, der Hass, die Unzufriedenheit. Das war nur durch die Entfernung von Gott möglich. Als die Menschen mit Gott lebten und auf ihn hörten, gab es keine Sünde. **Die Sünde, die eigentliche Sünde, ist: „sich von Gott entfernen"**. So kam die Sünde, als sich der Mensch von Gott entfernte. So haben die ersten Menschen angefangen, sich von Gott zu entfernen und ohne ihn zu leben. Das führte dazu, dass heute diese Entfernung als normal angesehen wird und das Leben in einer engen, intimen Beziehung mit Gott zu etwas Außergewöhnlichem wurde. Das war aber am Anfang ganz umgekehrt.

Die meisten Menschen stellen sich bei dem Wort Sünde schlimme Taten vor wie: Lügen, Klauen, Töten und so weiter. Viele denken sich: Ich habe niemanden umgebracht, niemandem was Schlechtes angetan und so weiter und belügen sich selbst auf dieser Art und Weise, sodass sie sich für gute Menschen halten. Viele denken aber überhaupt nicht daran, dass sie auch durch ein ganz einfaches Nichtstun sehr oft anderen Schaden zufügen - sogar öfter, als sie denken. Also, die eigentliche Sünde ist die Entfernung von Gott. Die Entfernung von Gott ist die Sünde! Durch den Sündenfall haben sich die Menschen selbst entschieden, getrennt von Gott zu leben. Jede weitere Entfernung von Gott führte zu schlimmeren und schlimmeren Taten. Es herrschte Mord, Todschlag, Lüge, Hass, Neid, Selbstverwirklichung, Unterdrückung, usw. Die Menschen wollten nicht mehr mit Gott leben, weil sie ihn auch nicht mehr kannten. Sie haben damit angefangen, Ihre eigenen Regeln zu machen, ihre eigenen Götter = Götzen zu erschaffen, was man in den verschiedensten Religionen heutzutage sieht. Jeder hat geglaubt, woran er wollte und gemacht, was er gerade wollte (wie heute: wir haben nichts gelernt). Gott hat jedem von uns den freien Willen gegeben, selbst zu entscheiden, wie er leben will. Gott hat weder damals jemanden gezwungen noch jetzt wird er jemanden zwingen, mit ihm zu leben. Gott will, dass wir durch Selbsterkenntnis zu ihm zurückkehren. Diese Selbsterkenntnis fehlte aber, sie fehlt auch heute noch.

4. Das Alte Testament prophezeite das Kommen von Jesus. Das Neue Testament beschreibt das Leben von Jesus bei uns und seine Wiederkunft. Warum kam Jesus zu uns?

Das Neue Testament beginnt mit dem Matthäusevangelium, also genau genommen mit der Geburt Christi.

In *Matthäus 1:21* lesen wir: *Sie wird aber einen Sohn gebären, und du sollst ihm den Namen Jesus geben, denn er wird sein Volk erretten von ihren Sünden.*

Jesus bedeutet Errettung! Jesus bedeutet Heilung! Jesus bedeutet Vollständigkeit! Jesus bedeutet Erlösung!

„Du sollst ihm den Namen Jesus geben, denn er wird sein Volk erretten von ihren Sünden." Was bedeutet das, was bedeutet, dass Jesus sein Volk von ihren Sünden erretten wird? Der Engel verkündete allen, die ihn hörten, große Freude - zuerst wurde es Maria verkündet, dann Josef und dann den Hirten. Bedeutet diese große Freude in diesem Zusammenhang, dass Jesus die Menschen von ihren Sünden erretten wird? Bedeutet das, dass Jesus die Menschen davon erretten wird, je wieder zu sündigen? Würde die Errettung bedeuten, nie wieder zu sündigen, wäre das eher furchtbar für uns, denn wir alle haben gesündigt, auch nachdem wir gerettet wurden. Als Jesus uns von unseren Sünden errettete, rettete er uns vor der Strafe, vor dem Gericht und der Verdammung, die durch die Sünde kommt. Denn im Alten Testament wurde das so weit getrieben, dass in der Bibel steht: „es reute ihn, dass er die Menschen geschaffen hat." Es war so schlimm geworden, dass Gott das bereute, was er am Anfang mit so viel Freude und Liebe geschaffen hat. „Reute ihn" bedeutet unter anderem, es hat ihm weh getan. Gott hat es weh getan zu beobachten, wozu die Menschen durch die Sünde fähig waren und immer noch fähig sind. Eigentlich konnte er alles vernichten

und uns auslöschen, eins für alle mal. Warum hat er das nicht gemacht? Die Antwort ist ganz einfach: aus Liebe und aus Gnade.

Johannes 3,16: Denn also hat Gott die Welt geliebt, dass er seinen eingeborenen Sonn gab, damit alle, die an ihn glauben, nicht verloren werden, sondern das ewige Leben haben.

Die Geburt Jesus ist die zweite Chance für die Menschen. Jesus rettet uns vor unseren Sünden, die uns sonst ohne diese Errettung verdammen, uns in die Hölle schicken und unser Leben zerstören würden. Er errettet sein Volk vor den Sünden. Das ist die große Freude, die wir verkündigen, unsere Errettung durch Jesus Christus.

Matthäus 1,22-23: *Das ist aber alles geschehen, damit erfüllt würde, was der Herr durch den Propheten geredet hat, der spricht (Jesaja 7,14):* **>>Siehe die Jungfrau wird schwanger sein und einen Sohn gebären; und sie werden ihm den Namen Immanuel geben<<,** *das heißt übersetzt: Gott mit uns.*

Also „Gott mit dir" - wir alle kennen diesen Spruch „Gott sei mit dir". Aber wie werde ich gesegnet, wenn Gott mit mir ist? Wie wird mir geholfen, wenn Gott mit mir ist? Gott erinnerte mich durch eine Situation vor ein paar Monaten an die Geschichte von Josef durch Seppi, meinen Hund. Denn Seppi kommt von Joseph (bayrisch).

In *1. Mose 39,1-4* steht: *„nachdem Josef von seinen Brüdern als Sklave verkauft wurde, wurde er hinab nach Ägypten geführt, und Potifar, ein ägyptischer Mann, des Pharao Kämmerer und Oberster der Leibwache, kaufte Josef von den Ismaeliten, die ihn hinabgebracht hatten.* <u>*Und der Herr war mit Josef,*</u> *so dass er ein Mann wurde, dem alles glückte. Und er war in seines Herrn, des Ägypters, Hause. Und sein Herr sah, dass der Herr mit ihm war; denn alles, was er tat, das ließ der Herr in seiner Hand glücken, so dass er Gnade fand vor seinem Herrn und sein Diener wurde.*

Der setzte ihn über sein Haus; und alles, was er hatte, tat er unter seine Hände. "

Also, Josef wurde als Sklave von seinen eigenen Brüdern verkauft (Grund dafür war Neid und Hass seitens seiner Brüder). Josef hatte nichts, gar nichts, aber der Herr war mit ihm. In *1. Mose 39:2* lesen wir, dass *Josef zu einem Mann wurde, dem alles glückte, also alles gelang.*

Wenn der Herr mit Dir ist (Immanuel), dann bist du gesegnet, wohlhabend und vieles mehr.

Wenn die Juden damals hörten, dass die Prophezeiung von Jesaja (Jesaja 7,14) erfüllt wurde, dann waren sie voller Freude, denn sie alle wussten, was es bedeutet, wenn der Herr mit einem ist. Wenn Gott mit Dir ist, bist Du gesegnet. Bevor Gott dein Leben, deine Familie und deinen Besitz segnet, bist Du davor schon gesegnet. Erst wird ein Mensch gesegnet, wodurch er zu einem wohlhabenden Menschen wird. Bevor der Segen von 5. Mose 28 kommt, segnet dich Gott als Mensch. Der allererste Segen in *5. Mose 28 besagt, dass uns Gott erhört, wenn wir mit ihm sprechen.* Und da sitzen wir heute, wir sitzen in Jesus Christus zur Rechten des Vaters und nun kommt der ganze Segen und breitet sich in uns aus. Unabhängig davon, wo wir uns befinden, sind wir gesegnet. Manche sagen, es käme darauf an, wo wir uns befinden, es kommt auf den Ort an. Das dachte ich auch sehr lange Zeit. Aber nein, Gott sagt nein, es kommt nicht auf die Ortschaft an, sondern auf Dich an, nur auf Dich. Wenn wir an einem Ort sind, wird der Ort durch uns gesegnet, <u>wenn Gott mit uns ist</u>. Mit anderen Worten bedeutet „Jesus mit uns", dass Jesus uns unsere Sünden nicht anrechnet. Wenn Er unsere Sünden anrechnen würde, könnte Er nicht mit uns sein. Denn Gott ist heilig und kann die Sünde in seiner Heiligkein nicht zulassen. Durch das Werk am Kreuz hat uns Jesus von der Sünde gereinigt. Genau deswegen, damit wir zu der Herrlichkeit Gottes Zugang bekommen. Als Petrus Jesus zum ersten Mal traf, spürte er das sofort. Petrus hat die ganze Nacht versucht, Fische zu fangen und hat nichts gefangen. Dann kam Jesus vorbei und sagte: *„wirf deine Netze aus"*. Petrus hat mit Ausreden angefangen: ich habe die ganze Nacht gearbeitet und nichts gefangen und so weiter, aber weil Du es sagst, werde ich ein Netz auswerfen. Jesus hat gesagt *„wirf die Netze aus"*. Er wollte Petrus mehr geben, als Petrus zunächst bereit war, anzunehmen. Genauso ist es oft mit uns, wir hindern uns sehr oft selbst daran, den Segen anzunehmen, den uns Jesus versprochen hat und für uns bereithält. Wenn wir unsere Herzen aufmachen und bereit sind zu empfangen, werden wir Wunder erleben, von denen wir uns nicht mal zu träumen getraut haben. Petrus warf das Netz aus. Das Netz war so überfüllt mit Fischen, dass es riss und als die Fische im Boot waren, hat das Boot angefangen zu sinken - so viele Fische hat Petrus gefangen. Da wurde ihm klar, dass der Mann, der neben ihm im Boot saß, der Messias war. Bei dieser Erkenntnis sprach Petrus zu Jesus: „gehe weg von mir, ich bin ein sündiger Mensch." Jesus antwortete: „habe keine Angst!" Angst? Angst wovor? Wovor sollte Petrus keine Angst haben? >> vor den Fischen? - er war Fischer<<, >>vor dem Wasser? – als Fischer war Petrus ständig im Wasser<<, >>vor Sturm? - es gab keinen Sturm in dem Moment<<.

Also, Jesus meinte, habe keine Angst, dass deine Sünde dich von mir trennt, von Gott trennt. Hab keine Angst, von nun an wirst du Menschen fischen. Mit anderen Worten: Immanuel bedeutet, Gott ist mit uns, er geht mit uns. Sag deinen Kindern einfach jeden Tag, wenn sie in die Schule gehen, hab keine Angst, der Herr ist mit dir, wenn du zur Schule gehst. Und wenn deine Kinder fragen: Was bedeutet das, erzähle ihnen, was es bedeutet, nämlich: Gott der Herr ist mit dir, auch wenn du Fehler machst. Er wird dich nicht verlassen, weil du Fehler gemacht hast. Immanuel = der Herr ist mit dir, um sich als Held zu erweisen und dir seine Stärke zu zeigen. In der Geschichte von Josef heißt es weiter, dass er in dem Haus seines ägyptischen

Herren bleiben durfte. Er war nicht der Geschäftsführer. Er war nicht der, der etwas zu bestimmen hatte. Er war nur ein Sklave, der im Haus bleiben durfte. Er war gesegnet, obwohl er in diesem Moment ein Sklave war. Wir denken manchmal, dass wir nicht erfolgreich sind, wenn wir nicht der Geschäftsführer, der Hauptpastor oder der Vorsitzende sind. Wirklich erfolgreich sind aber die Menschen, die ihren Wert und ihre Würde nicht von ihrem Job abhängig machen, sondern ihren Wert durch Christus bekommen. Nur derjenige, der weiß, woher er kommt, was er ist und wohin er geht, kennt seinen Wert und bewahrt seine Würde. Der Segen liegt auf uns. Wenn wir mit Gott leben und diese Trennung durch die Sünde nicht zulassen, liegt der Segen auf uns. Wenn wir Jesus annehmen, ist der Segen ein großer Teil von uns, ein von uns untrennbarer Teil.

1. Mose 39:3 „und als sein Gebieter sah, dass der Herr mit ihm war, und dass der Herr in seiner Hand alles gelingen ließ [...]“.

Wusstest Du, dass die Welt Dich beobachtet? Es ist eine Sache zu sehen, dass Du als Mensch erfolgreich bist. Es ist aber eine ganz andere Sache zu sehen, dass der Herr mit Dir ist. Das ist sichtbar für alle. Auch für die, die keine geistlichen Augen haben. Sie kennen Gott nicht - sie wissen nicht mal, wer Jesus ist, aber sie sehen, dass Dir alles gelingt, und zwar gelingt Dir alles deswegen, weil Gott mit Dir ist. Denn die Menschen, in denen Jesus lebt, strahlen, geben anderen Hoffnung, sie sind das Licht. Außerdem sah der Pharao bei Josef, dass der Herr in seiner Hand alles gelingen ließ. Viele denken, dass ein erfolgreicher Mensch derjenige ist, der viel Geld hat oder in der Chefetage sitzt. Nein, hier war Josef erfolgreich: er war ein Sklave im Haus seines Herrn, aber er war der erfolgreiche Mann in dieser Geschichte. Nicht weil er attraktiv war, nicht weil er jung war, nicht weil er fleißig war, es hatte nichts mit Josef zu tun. Es lag einzig und allein daran, dass der Herr mit Josef war. Übrigens lesen wir ein paar Verse später, dass Josef attraktiv war. Wir haben nirgendwo vorher lesen können, dass Josef attraktiv war. Weder als er von seinen Brüdern verkauft wurde noch vorher, als er noch bei seinem Vater lebte. Seine Attraktivität kam zum Vorschein, als dann der Herr mit ihm war. *„Da fand Josef Gnade in den Augen des Pharaos und durfte ihn bedienen; und der Pharao setzte ihn zum Aufseher über sein Haus und gab alles, was er hatte in seine Hand. Und von der Zeit an, da er ihn über sein Haus und über alle seine Güter gesetzt hatte, segnete der Herr das Haus des Ägypters um Josefs Willen."* **Gott segnet uns, damit wir ein Segen für Andere sein können.** „Und der Segen des Herren war auf alles, was er hatte, im Haus und auf dem Feld." Das ist der Segen, den wir alle brauchen. Denn wenn dein Segen in deinem Job ist, wo bleibt er, wenn du kündigst oder gekündigt wirst? Wenn dein Segen bei einem Sponsoren ist, wo bleibt dein Segen, wenn er dir den Rücken kehrt oder Du ständig Sachen tun musst, um deinem Sponsoren zu gefallen. 2020 hat uns klar gezeigt, dass wir keine Sicherheiten auf dieser Erde haben: alles ist vergänglich = *Matthäus 24:35 „Himmel und Erde werden vergehen; aber meine Worte werden nicht vergehen"* sagt Jesus. Jesus einzig und allein ist unser Fundament. Er ist der Weg, die Wahrheit und das Leben, also das richtige Fundament. Würdest du dein Haus auf Sand bauen lassen, oder eher auf dem Felsen? Welches Fundament ist das richtige Fundament für dein Haus?

Millionen Menschen haben im Jahr 2020 ihren Job verloren, erfolgreiche Unternehmen wurden in ein paar Monaten zerstört und mussten Insolvenz anmelden. Wo sind unsere Sicherheiten hier auf dieser Erde – etwa unser Auto, unser Eigentum, unser Job? Nein, allein in Jesus ist unsere Sicherheit. Deswegen wurde er als Mensch geboren und wurde als Lamm für uns geopfert. Für uns, damit wir Halt und Sicherheit bis in alle Ewigkeit haben. Wir brauchen keinen Segen, der von anderen Menschen oder Sachen abhängig ist. Wir brauchen einen Segen, der bei uns bleibt; ein Segen, der in unseren Händen liegt. Der Herr ist bei uns, seine ganze Macht steht uns zur Verfügung. Und wenn es dir noch nicht klar ist, in wessen Hand dein Leben ist, so wage ich es hier an dieser Stelle zu sagen: Du hast dein Leben in deiner eigenen Hand. Du bist verantwortlich für den Verlauf deines Lebens. Denn nur Du kannst die Entscheidung treffen, ob Gott bei dir bleiben darf. Ich sage bewusst „bleiben darf", denn mit Jesus kam Gott als Mensch, um unter uns und mit uns zu sein. Erwarte aber nicht, dass Gott sich dir in deinem Leben aufdrängt. Wie schon erwähnt: Gott will uns nicht zwingen, mit ihm zu gehen. Er hat uns als freie Menschen geschaffen - Menschen mit eigenem Willen, die selbst entscheiden dürfen, wie sie Ihr Leben führen und vor allem mit wem.

Matthäus 6,24: *Niemand kann zwei Herren dienen: entweder er wird den einen hassen und den anderen lieben, oder er wird an dem einen hängen und den anderen verachten. Ihr könnt nicht Gott dienen und dem Mammon".*

Es gibt keinen Mittelweg, auf dem Du hin und her auf Wolke 7 schweben kannst. Gott will, dass wir eine Entscheidung treffen, weil er keine Sklaven geschaffen hat, sondern Menschen mit Charakter, die bereit sind, Verantwortung für sich zu übernehmen.

Mahatma Gandhi sagte: „Christen haben in ihrer Obhut ein Dokument mit genug Dynamit in sich, die gesamte Zivilisation in Stücke zu blasen, die Welt auf den Kopf zu stellen; in dieser von Kriegen zerrissenen Welt Frieden zu bringen. Aber sie gehen damit so um, als ob es bloß ein Stück guter Literatur ist, sonst weiter nichts."

Oft ist es so, dass unsere Gedanken oder unsere Meinung über uns selbst das Problem sind: „aber ich bin sündig, würde Jesus das für mich auch tun?" Genau das bedeutet es. Jesus bedeutet, er wird sein Volk von seinen Sünden erlösen. Viele denken, dass die Bibel mit „sein Volk" nur das jüdische Volk meint. Nein, das Volk Jesu besteht aus allen Gläubigen, unabhängig davon, ob sie Juden oder Nicht - Juden sind. Jesus ist nicht gekommen, um uns anzuklagen, sondern uns Gnade zu bringen. Er sagt: empfange!

Petrus war Sünder, als Jesus in sein Boot stieg, aber er schenkte ihm Erfolg (Fische im Überfluss). Passierte dies, bevor Petrus zum Junger Jesu wurde, oder danach? Es war vorher. War er ein Sünder? - Ja, Petrus sagte: „gehe weg von mir, ich bin ein sündiger Mensch." Das ist die Wahrheit über Jesus. Er will sein Volk erretten, aber er wird sich nicht in deinem Leben aufzwingen. Die Entscheidung liegt bei dir, Du musst entscheiden, ob Jesus in deinem Boot sitzen darf und Du allein entscheidest, wie lange er in deinem Boot bleiben darf. Du sollst ihn nur einladen und er wird kommen.

Hebräer 13, 5: seid nicht geldgierig, und lasst euch genügen an dem, was da ist. Denn der Herr hat gesagt (Josua 1,5): <<ich will dich nicht verlassen und nicht von dir weichen>>".

Ja, sogar wenn jemand sündigt, wird der Herr ihn nicht verlassen. Auch wenn Du etwas sehr Schlimmes getan hast, wird dich Gott nicht verlassen. Der Herr ist heute bei uns, sogar wenn wir sündigen und versagen. Es ist gut zu versagen. Es ist gut zu erkennen, wie schwach Du eigentlich bist, denn Gott ist mächtig in den Schwachen. Er wird uns weder aufgeben noch verlassen. Daher wissen wir, dass er uns liebt. Das müssen wir unbedingt wissen. Damit wollen wir nicht die Sünde gutheißen oder ständig mit Fleiß sündigen und uns mit der Gnade Gottes beruhigen. Nein, das meine ich nicht. Sowas machen nur die Heuchler! Ich will nur deutlich zum Ausdruck bringen, dass Gott die Sünde hasst, aber die Sünder liebt!!! Gott liebt die Menschen. Er liebt uns alle, mich und dich auch. Deswegen gab er seinen eingeborenen, geliebten Sohn hin, damit wir vom Tod und damit von der ewigen Verdammnis errettet werden. Die Sünde, halte es dir vor Augen, unsere Sünde - meine Sünde und deine Sünde - hat Jesus ans Kreuz gebracht. Nicht wir, die Verursacher der Sünde, sondern Jesus starb für uns und ist später auferstanden, um uns zu zeigen, dass er alles überwunden hat und wir es auch tun können, wenn wir die richtige Entscheidung in unserem Leben treffen. Wenn wir Gott lieben, haben wir kein Gefallen an der Sünde. Wenn wir Gott lieben, entfernen wir uns automatisch von der Sünde. Weil es nicht genug gepredigt wird und die Menschen viel zu wenig, bis gar nichts über Gott wissen, denken viele, dass Gott uns verlässt, wenn wir sündigen und erst dann kommt, wenn wir gehorsam sind. So dachte ich früher auch. Anstatt mit Gott zu leben, habe ich mich von ihm entfernt, weil ich Angst hatte, verurteilt zu werden. Diese Angst führte bei mir dazu, mich in schwierigen Situationen nicht an Gott zu wenden, sondern zu versuchen, aus eigener Kraft alles zu erzwingen, was von Anfang an zum Scheitern verurteilt war. Das sage ich nicht einfach so, sondern aus eigener Erfahrung. Ich musste immer an meine Grenzen kommen, um endlich mal loslassen zu können und Gott wirken zu lassen. Und genau das ist es: **wir sollen Gott in unserem Leben wirken lassen.** Gott hatte und hat immer noch viel Geduld mit mir. Er ist sehr geduldig und wartet sehnsüchtig auf Dich, auf Deine Einladung. Andere werden wütend auf Gott. *Martin Luther sagte: „bevor ich die Gnade kannte, hasste ich Gott."* Er dachte Gott würde ihn nur segnen, wenn er gehorsam war und wenn er ungehorsam war, nicht. Aber dann sagte er, er liebt den Herrn über alles. Gute Freunde bleiben bei dir, wenn du was falsch machst, andere gehen, aber gute Freunde bleiben. Gute Freunde schweigen nicht, sie korrigieren dich. Wie viel mehr wird dann der Herr für dich tun. In der Bibel steht: *wo die Sünde zugenommen hat, ist die Gnade überreich geworden*, also übergroß, überdimensional und außergewöhnlich. Diese Gnade zeigt uns wie groß die Liebe Gottes ist und schenkt uns Dankbarkeit, die uns glücklich macht. Wir suchen unser Glück sehr oft überall, nur da nicht, wo wir es finden können, nämlich bei Gott. Er ist unser Schöpfer und als solcher kann er uns alles geben. Nicht die Menschen können uns alles geben, sondern Gott. Ich habe öfters in meinem Leben gehört: „die Zeit heilt alle Wunden" und mich auch sehr oft schon mal gefragt: „warum hat die Zeit bei mir keine Wunden geheilt?" Heute kenne ich die Antwort: **Nicht die Zeit, sondern Jesus heilt alle Wunden!** Er will auch deine Wunden heilen. Er wartet nur darauf, dass Du ihn heilen lässt, indem Du loslässt und Gott überlässt. Wenn ich jetzt zurückblicke, lache ich oft über mich selbst. Ich stand Gott so lange im Wege, aber er war trotzdem sehr geduldig mit mir. Er hat mich nicht geschubst. Er hat geduldig darauf gewartet, dass ich ihm nicht mehr im Wege stehe.

Früher (in dem Alten Testament) hat Gott uns Menschen verlassen, als wir sündigten, weil wir das Gesetz als Grundlage hatten. Nach dem Sündenfall, als sich die Menschen freiwillig, basierend auf ihrer eigenen Entscheidung, von Gott getrennt und sich von ihm entfernt haben, hat Gott den Menschen seine Gesetze gegeben. Das Gesetz war früher das Fundament der Beziehung zwischen Gott und den Menschen. Der Mensch hatte nach dem Sündenfall nicht mehr das Privileg, das Angesicht Gottes zu sehen. Denn der Mensch hatte sich durch die Sünde von Gott entfernt. Gott sagte auch zu Mose: mein Gesicht könnt ihr nicht sehen. Es stand den Menschen nicht zu, sein Gesicht zu sehen. Deswegen drehte sich Jesus um, als die blutflüssige Frau sein Gewand angefasst hat, weil sie Heilung wollte. Jesus schaute ihr ins Gesicht, denn er wollte sie von Angesicht zu Angesicht segnen. Jesus ist gekommen, um uns nicht nur zu heilen, sondern zu verändern. Sie konnte nur verändert werden, wenn sie seine Liebe sah. Und hier kommt nun Immanuel. Es gab Zeiten in dem Alten Testament, in denen Gott die Menschen wegen ihres Ungehorsams eine Zeitlang verlassen hatte, aber heute stehen wir unter der Gnade: **Durch Jesus wurde die Trennung zwischen Gott und Menschen beseitigt.** Heute sagt Gott: ich werde dich nie verlassen, schau mich an, ich werde dich nicht aufgeben und niemals verlassen. Wir können zu unseren Kindern sagen: ich werde dich niemals aufgeben und nie verlassen. Sag das auch deinem Partner oder deiner Partnerin: ich werde dich nie aufgeben und niemals verlassen. Wenn Du das vom Herzen sagst, kannst Du auch sicher sein, dass Du in der richtigen Beziehung bist. Denn sowas zu sagen, verlangt viel Mut und bedeutet ziemlich viel Sicherheit, sowie eine grenzenlose Liebe in einer Beziehung. Wenn wir erkennen, dass das Fundament in jeder Beziehung die Liebe ist und wenn wir aus Liebe handeln und das eigene „Ich" im Hintergrund lassen, wie es Jesus für uns tat, wird es keine gescheiterten Beziehungen mehr geben. Also, **durch die Geburt von Jesus wurde der Bund mit Gott erneuert.** Nicht der Papst, nicht die Kirche oder irgendein anderer selbst ernannter „heiliger" Bim Bam ist der Vermittler zwischen Gott und Menschen auf der Erde, sondern Jesus Christus, unser lebendiger Gott.

Johannes 14, 6-7: Jesus spricht zu ihm: Ich bin der Weg und die Wahrheit und das Leben; niemand kommt zum Vater denn durch mich. Wenn ihr mich erkannt habt, so werdet ihr auch meinen Vater erkennen. Und von nun an kennt ihr ihn und habt ihn gesehen.

Was will uns hier Jesus sagen? Er verrät uns, dass ER der Gott ist. Der Gott, der sich für uns erniedrigt und seine Göttlichkeit verlassen hat, um als Mensch, als ein einfacher Mensch, geboren zu werden und unter uns zu leben. Indem Jesus als Mensch unter uns lebte, hat er uns gezeigt, wie Gott eigentlich ist, wie sehr uns Gott liebt.

Johannes 1,10: Er war in der Welt, und die Welt ist durch ihn gemacht; aber die Welt erkannte ihn nicht.

Gott lebte unter uns, aber viele haben ihn nicht erkannt, heißt es in der Bibel. Gott ist zu uns in Menschengestalt gekommen, um die Entfernung zwischen Gott und den Menschen zu überwinden und die Beziehung zwischen Gott und den Menschen zu heilen. Jesus zeigte uns, dass Gott uns nicht verlassen hat: ganz im Gegenteil, dass er bei uns ist, mit uns ist. Und merk Dir eins! – Ob Jesus mit Dir ist, ist <u>nicht</u> von Deinen guten Werken abhängig, sondern <u>von Deinem Glauben</u>. Jesus braucht unsere guten Werke nicht. Wir können ihn nur mit unserem Glauben überzeugen. Jesus will unseren aufrichtigen Glauben sehen. *Markus 5,34: Er aber sprach zu ihr: Meine*

Tochter, dein Glaube hat dich gesund gemacht; geh hin in Frieden und sei gesund von deiner Plage!

Nur Menschen lassen sich von deinen „guten Werken" beeindrucken. Gott kannst Du nur mit deinem Glauben und deinem Handeln im Glauben beeindrucken.

Also wenn uns der Herr sagt: ich werde dich nie verlassen und aufgeben, dann wird seine Gegenwart auf uns kommen und uns wird alles gelingen, weil über uns die Gnade Gottes ist. Wovor sollen wir dann noch Angst haben, wenn Gott mit uns ist? Wenn wir mit Gott leben und ihm erlauben mit uns zu sein, ist uns alles möglich. Wenn Menschen Streit suchen, entfernen sie sich von Gott und damit auch von seiner Gnade. Als Ergebnis fällt der Streit auf sie zurück. Wenn Menschen dir oder deinen Lieben Schaden zufügen wollen, werden sie selbst Schaden erleiden und keinen Frieden mehr erleben. Wenn wir Gott genug Raum in uns lassen, damit er uns segnen kann, verwandeln wir uns in Segen für die Menschen in unserer Umgebung. Es geht um Jesus Christus in uns; um einen Reichtum, der nichts mit menschlichen Anstrengungen, menschlichem Wissen, menschlicher Klugheit oder Philosophie zu tun hat. Ein Erfolg, der dadurch kommt, dass Gott uns in allem Gelingen schenkt, was wir anfassen. Gott lässt alles gelingen, was du anfasst - das bedeutet Immanuel = Gott mit dir. Josef wusste das und deswegen wollte er zu der Frau von Potifar (die Frau von Potifar wollte Josef verführen und ihn als Liebhaber haben) sagen: *„wie könnte ich solches Unrecht tun und gegen Gott sündigen."* Er war sich der Gegenwart Gottes bewusst und deswegen ließ ihm Gott alles gelingen. Wenn wir an Gott zweifeln oder Gott nicht vertrauen, sagen wir im Prinzip, dass wir uns nicht auf Gott verlassen können. Wir vertrauen dem Piloten im Flugzeug, wir vertrauen unserem Bänker, unserem Verwalter usw. Ich meine, wir vertrauen Menschen, obwohl wir immer wieder von Menschen enttäuscht werden, aber auf Gott vertrauen wir nicht?! Das ist das Problem der Menschen: <u>das Problem heißt Zweifel</u>. Gott liebt dich! Gott hat seinen einzigen, geliebten Sohn für uns: für mich und auch für Dich hingegeben, sein Name ist Jesus. Er wird sein Volk vor Ihren Sünden retten. Er ist am Kreuz für alle unseren Sünden gestorben und unserer Gerechtigkeit Willen von den Toten auferstanden. Damit ist alles bezahlt. Der Gerechtigkeit ist genüge getan: Gott ist anstelle der Sünde verherrlicht worden. Dort wo unsere Sünde war, hat Christus Gott verherrlicht. Heute steht Gott mit offenen Armen da und sagt: komm nach Hause mein Kind, komm nach Hause in meine liebenden Arme. Komm nach Hause in die Fülle. Komm nach Hause zu deiner Berufung. Komm nach Hause zu deiner Gunst. Komm nach Hause zum Leben in Überfluss und vor allem zum ewigen Leben. Wir sollen mit der Menschenfurcht aufhören, denn **die Menschenfurcht wird dich bremsen, der Mensch zu werden, als den Gott Dich ausersehen hat. Gottesfurcht = (nicht Angst vor Gott, sondern Respekt) ist der Anfang aller Weisheit.** Kehre um, tu Buße und lass los. Lass dich von dem Heiligen Geist leiten. **Loslassen und Gott überlassen ist die Lösung unserer Probleme.** Es geht nicht darum, wie viel Mal Du fällst, oder wie oft Du aufstehst. Gott hat einen guten Plan für Dich und der ist weit besser als Du es dir vorstellen kannst, ganz gleich wie die Zeiten sind. Die Zeiten sind nicht gerade rosig, aber ich glaube, dass wir die größte Erweckung vor uns haben, die es bisher auf der Welt noch nie gegeben hat. Die Dunkelheit wird durch das Licht gebrochen. In uns ist so viel Potenzial. Gott will seine Geschichte <u>mit uns</u> weiterschreiben! Sei einfach entschlossen und gehe deinen Weg mit Gott.

Jeder, der an Jesus glaubt, erlangt Vergebung in seinem Namen. Jeder, auch Du!

Römer 8,31: Ist Gott für uns, wer kann wider uns sein!

2 Timotheus 1, 7: Denn Gott hat uns nicht gegeben den Geist der Furcht, sondern der Kraft, der Liebe und der Besonnenheit.

5. Das Buch Hiob. Nichts passiert zufällig! Gott hat alles unter Kontrolle und er macht keine Fehler!

Hiob 1,6-7: Es begab sich eines Tages, da die Gottessöhne kamen und vor den Herrn traten, kam auch der Satan unter ihnen. Der Herr aber sprach zu dem Satan: Wo kommst du her? Der Satan antwortete dem Herrn und sprach: Ich habe die Erde hin und her durchzogen.

Hiob 1,8: Der Herr sprach zum Satan: hast du achtgehabt auf meinen Knecht Hiob? Denn er ist seinesgleichen nicht auf Erden, fromm und rechtschaffen, gottesfürchtig und meidet das Böse.

Hiob 1,9-11: Der Satan antwortete dem Herrn und sprach: Meinst du, dass Hiob umsonst Gott fürchtet? Hast du doch ihn, sein Haus und alles, was er hat, ringsumher beschützt. Du hast das Werk seiner Hände gesegnet, und sein Besitz hat sich ausgebreitet im Lande. Aber strecke deine Hand aus und taste alles an, was er hat: was gilt es, er wird dir ins Angesicht absagen!"

Hiob 1,12: Der Herr sprach zum Satan: Siehe, alles, was er hat, sei in deiner Hand, nur an ihn selbst lege deine Hand nicht. Da ging der Satan hinaus von dem Herrn."

Hiob 1,13-19: an dem Tage aber, da seine Söhne und Töchter aßen und Wein tranken im Hause ihres Bruders, des Erstgeborenen, kam ein Bote zu Hiob und sprach: Die Rinder pflügten, und die Eselinnen gingen neben ihnen auf der Weide, da fielen die aus Saba ein und nahmen sie weg und erschlugen die Knechte mit der Schärfe des Schwerts, und ich allein bin entronnen, dass ich dir es ansagte. Als der noch redete, kam ein anderer und sprach: Feuer Gottes fiel vom Himmel und traf Schafe und Knechte und verzehrte sie, und ich allein bin entronnen, dass ich dir es ansagte. Als der noch redete, kam einer und sprach: Die Chaldäer machten drei Abteilungen und fielen über die Kamele her und nahmen sie weg und erschlugen die Knechte mit der Schärfe des Schwerts, und ich allein bin entronnen, dass ich dir es ansagte. Als der noch redete, kam einer und sprach: Deine Söhne und Töchter aßen und tranken im Hause ihres Bruders, des Erstgeborenen, und siehe, da kam ein großer Wind von der Wüste her und stieß an die vier Ecken des Hauses; da fiel es auf die jungen Leute, dass sie starben, und ich allein bin entronnen, dass ich dir es ansagte.

Hiob 1,20-21: Da stand Hiob auf und zerriss sein Kleid und schor sein Haupt und fiel auf die Erde und neigte sich tief und sprach: Ich bin nackt von meiner Mutter Leibe gekommen, nackt werde ich wieder dahinfahren. Der Herr hat es gegeben, der Herr hat es genommen; der Name des Herrn sei gelobt.

Hiob 1,22: In diesem allen sündigte Hiob nicht und tat nichts Törichtes wider Gott.

* Das Zerreißen der Kleider, das Scheren der Haare und sich bedecken mit Asche waren damals bei den Juden die Zeichen der tiefsten Trauer.

In diesem Moment seiner tiefsten Trauer erkannte Hiob nicht, wer ihm das alles weggenommen hat. Es war nicht Gott, sondern der Teufel, der ihm alles, was er auf dieser Erde hatte und liebte, wegnahm. Trotzdem bewährte sich Hiob in dieser schweren Prüfung und pries den Namen des Herrn, entgegen der Erwartungen von Satan. Also, auch in dieser Situation wand sich Hiob von Gott nicht ab.

Weiter lesen wir die Klage von Hiob: „Warum bin ich nicht gestorben bei meiner Geburt? Warum bin ich nicht umgekommen, als ich aus dem Mutterleib kam?" Der Schmerz und die Trauer von Hiob waren so groß, dass er es bereute, bei seiner Geburt nicht gestorben zu sein. Und viele von uns kennen diesen Schmerz und haben ihn mindestens einmal im Leben erlebt. Besonders schlimm und schmerzhaft ist es, wenn derjenige, der in diesem Moment dieses ganze Leid ertragen muss, nicht versteht, warum das alles ihm passiert. Auch ich stand bereits mehrmals im Leben schreiend und weinend da und konnte nicht verstehen, warum ich solche Sachen in dem Moment erlebe. Besonders schlimm und schmerzhaft ist, wenn man überhaupt nicht zur Ruhe kommen kann und dass auf Dauer von Jahren: immer Sorgen, immer Kummer, immer Kämpfe, die man allein auszutragen hat. Man schreit innerlich und versucht es zu verstehen, aber man kann es nicht verstehen. Jetzt im Gegensatz zu damals verstehe ich das alles und bin für alles, was ich bisher erlebt habe, dankbar - auch für die schwierigsten Situationen in meinem Leben. Denn ohne diese Erlebnisse wäre ich nie das geworden, was ich momentan bin und hätte den Weg zum Vater nicht gefunden, ich hätte nie erkannt, wer Gott ist. Die Situationen waren so schwer, weil ich Gott nicht kannte; weil ich mir dachte, dass ich allein bin und alle Kämpfe des Lebens allein austragen muss. Gott lässt bestimmte Ereignisse in unserem Leben passieren, damit wir uns durch diese Ereignisse ändern, damit wir die Wahrheit erkennen und das bekommen, was Gott für uns vorbereitet hat und so lange bereithält, bis wir in der Lage sind, es anzunehmen. Aber kommen wir zurück zu Hiob.

Und dann sagt Hiob weiter in seinem größten Schmerz: „denn was ich gefürchtet habe, ist über mich gekommen, und wovor mir graute, hat mich getroffen." Und genau hier sollen wir alle sehr vorsichtig sein, nämlich vorsichtig damit, wie viel Macht wir unseren Ängsten geben. Beispielsweise hatte Hiob Angst, dass seine Kinder gesündigt und Gott in ihrem Herzen abgesagt haben könnten. Hiob war ein angesehener Mann mit viel Vermögen und Macht. Natürlich hatte er - wie jeder andere Mensch auch - Ängste: zu versagen, sein Eigentum, sein Ansehen in der Gesellschaft und seinen Ruf zu verlieren. Und so traf alles auf einmal über ihn, wovor er Angst hatte. Satan benutzt unsere Ängste. Er kann uns nur da angreifen, wo wir ihm durch Ängste und Zweifel Macht geben. Hiob lebte mit Gott. Er hatte keine Angst um sein Leben, sondern um das Leben seiner Kinder. Er war dankbar für alles, was er hatte, aber trotzdem wollte er nie in Armut leben und alles verlieren. Oft verstehen die Menschen das nicht und wissen nicht, wer der Verursacher von Schmerz und Leid in dieser Welt ist. Menschen haben Ängste und geben mit Ihren Ängsten unbewusst Satan so viel Kraft über sie, ihre Familien, ihren Alltag, ihren Beruf. Menschen machen sich durch Angst und Zweifel angreifbar, kontrollierbar, manipulierbar ohne es zu merken. Das hat auch Hiob nicht bemerkt. Er war fest überzeugt, dass Gott derjenige war, der ihm alles nahm. Er hat in dem Moment nicht mal verstanden, wer der Angreifer war. Und wenn wir den Feind nicht kennen, so können wir ihn auch nicht bekämpfen.

Viele Menschen verurteilen Gott in solchen Situationen, weil sie Gott nicht gut genug kennen. Denn hätten Sie ihn gekannt, wäre ihnen nie in dem Sinn gekommen, ihm die Schuld für ihr Leid zu geben. Ein Beispiel: Der Mann von einer Bekannten ist 2019 gestorben. Als ich versucht habe mit ihr über Gott zu reden oder besser gesagt ihr zu sagen, dass Gott immer mit uns ist und unsere Herzen kennt und jeden Schmerz wegnehmen kann, war ihre Antwort: „Wenn es Gott gebe, warum passieren solche Sachen? Warum sterben Menschen?", in diesem Moment habe ich verstanden, dass es sinnlos ist, mit ihr darüber zu reden. Hat sie denn vergessen, dass ihr Mann Jesus aufs Übelste beschimpft hat, als er lebte. So übel war das, dass es mir unangenehm war und ich weggegangen bin, weil ich es nicht hören konnte. Hat sie es vergessen, wie oft ich sie zum Gottesdienst eingeladen habe und sie „nein" gesagt hat? Alle diesen Versuchen kamen von Gott, um diesen Menschen zu helfen. Sie haben sich aber bisher noch nicht für Gott entschieden. Und wenn man sich nicht für Gott entscheidet, gibt man die Macht über sein eigenes Leben dem Widersacher = Satan. Man kann nicht zwei Herren dienen. Entweder dient man dem einen und hasst den anderen, oder man liebt den einen und verachtet den anderen. Damit will ich nur sagen, dass wir bewusst oder unbewusst, mit jeder

Entfernung von Gott, dem Satan die Macht über unser Leben geben. Wenn wir Gott noch nicht gut genug kennen und noch nicht zu 100 % wissen, wer Gott ist, entfernen wir uns von ihm, bewusst oder unbewusst. Jede Entfernung gibt Satan eine Möglichkeit uns anzugreifen und glaubt mir, er greift uns da an, wo es wirklich weh tut. In der Bibel steht, dass nicht nur Gott, sondern auch Satan uns hören kann. Achte auf deine Gedanken, achte auf das, was du ausspricht. **Aus unserem Mund kann entweder Tod oder Leben rauskommen.** Unsere Worte, die wir aussprechen, kommen von unseren Gedanken. Wir sollen darauf achten, was wir denken und welche Gedanken wir aussprechen. Davor hat uns auch Jesus gewarnt! Das war ein spontaner Gedanke, den ich mit euch teilen wollte. Vielleicht war das auch ein Appell Gottes an alle, die dieses Buch momentan lesen, anzufangen nach Gott zu suchen. Durstig danach werden, ihn kennenzulernen, solange es noch nicht zu spät ist. In diesem Zusammenhang schickte mir Gott die Stelle in der Bibel, die ich bis jetzt nicht kannte: *Amos 8, 11-14: „Siehe, es kommt die Zeit, spricht Gott der HERR, dass ich einen Hunger ins Land schicken werde, nicht einen Hunger nach Brot oder Durst nach Wasser, sondern nach dem Wort des HERRN, es zu hören; dass sie hin und her von einem Meer zum andern, von Norden nach Osten laufen und des HERRN Wort suchen und doch nicht finden werden. Zu der Zeit werden die schönen Jungfrauen und die Jünglinge verschmachten vor Durst, die jetzt schwören bei dem Abgott Samarias und sprechen: »So wahr dein Gott lebt, Dan!«, und: »So wahr der Weg nach Beerscheba lebt!« Sie sollen so fallen, dass sie nicht wieder aufstehen können."*

Gott warnt uns, dass eine Zeit kommen wird, in der Gottes Wort nicht mehr zu hören und zu lesen sein wird. Und wenn ich alle Umstände und Ereignisse auf der Welt betrachte, so bin ich fest davon überzeugt, dass diese Zeit nicht weit entfernt ist. Christen werden weltweit verfolgt, wie nie zuvor, auch in Europa und auch in Deutschland (durch Gerichtsurteile gegen Pastoren, weil diese das Wort Gottes 1 zu 1 wie es in der Bibel steht, predigen). Das ist ein Zeichen der Endzeit. In der Endzeit wird Gott seine Braut = die Gemeinde = die Gesamtheit der Gläubigen in Sicherheit entrücken. Das heißt, es wird die Zeit kommen, in der die richtig Gläubigen (diejenige, die in einer Beziehung mit Gott stehen und Jesus als Ihren Erretter und Herrn angenommen haben) nicht mehr hier sein werden. Deswegen sollte sich jeder auf die Suche nach Gott begeben und ihn kennenlernen, bevor es zu spät ist. Niemand weiß, wie lange er hier auf der Erde ist. Was ist, wenn Du morgen ein Autounfall hast und weg bist? Wo gehst Du hin? Hast Du dir diese Frage schon mal gestellt? Wo verbringst Du die Ewigkeit? Mit welchem Herrn verbringst Du deine Ewigkeit? Es gibt zwei Herren, aber nur eine Entscheidung. Mit welchem Herrn wirst Du die Ewigkeit verbringen, wenn morgen etwas passiert und Du weg bist? Wohin gehst Du? Triff deine Entscheidung jetzt gleich. Warte nicht lange.

Aber jetzt wirklich zurück zu Hiob: wir waren an der Stelle, wo Hiob so viel Leid durchmachte, dass er es bereute, noch am Leben zu sein. Hiob hat nicht erkannt, wer sein Angreifer war. Er hat versucht, Gott für dieses Leid zur Rechenschaft zu ziehen.

Lesen wir weiter im Buch Hiob: Als die Freunde von Hiob erfahren haben, was mit ihm geschehen ist, kamen sie zu Ihm. Es waren drei seiner besten Freunde, die mit ihm draußen auf der Erde sieben Tage lang saßen und mit ihm schwiegen. Denn Hiob war so betroffen, dass er nicht mal in der Lage war, etwas zu sagen. Und hier erkennen wir die gute Tat der Freunde, die mit ihm auf der Erde saßen und nichts sagten, sieben Tage lang mit Hiob gelitten haben. Viele Menschen fühlen sich in solchen Situationen unsicher: sie suchen nach Antworten, nach dem richtigem Wort und vergessen dabei, dass es in solchen Momenten sehr oft kein richtiges Wort gibt. Ab und zu tut es einfach gut, wenn man jemanden dabeihat, der einfach nur in der Lage ist, mitzufühlen. Oft bringen die erzwungenen Ratschläge nichts Gutes, denn wir können uns schlecht in die

Lage des Leidenden versetzen. Es ist seine Situation, sein Herz und sein Schmerz. Nur Gott kennt uns und unsere Herzen so gut. Ja, sogar besser als wir, sodass nur Gott in der Lage ist, den Schmerz individuell bei jedem Einzelnen zu heilen. Wir Menschen sind schwach, wir versuchen zu helfen und merken oft dabei nicht, dass wir mit unseren Versuchen den anderen eher verletzen als ihm helfen. Deswegen ist es in manchen Situationen immer gut zu schweigen und einfach mitzufühlen. Ich hatte einen einzigen guten Freund, der mich immer einfach umarmte und nichts sagte, wenn in Situationen war, in denen ich gelitten habe. Er fühlte aber mit und genau das ist die Stärke eines Menschen - MITFÜHLEN - in der Lage zu sein, mit jemandem mitzufühlen. Und genau das taten die drei Freunde von Hiob. Sie fühlten einfach mit ihm. Sie beteiligten sich an seinem Schmerz.

Nach diesen sieben Tagen Schweigen hat Hiob damit angefangen, Gott anzuklagen. Hiob sagte immer wieder, dass er unverschuldet in diese Lage geraten ist. Hiob verstand die Situation nicht. Er war gottesfürchtig, er mied das Böse, er behandelte seine Knechte gut, er sündigte nicht gegen Gott und trotzdem musste er dieses Leid jetzt erleben. Er klagte Gott an, weil er, trotz seiner Bemühungen - unverschuldet in diese Situation reinkam. Seine Freunde wurden ungeduldig. Sie haben angefangen, ihm Vorwurfe zu machen und ihn zu beschuldigen. Denn sie waren der Meinung, dass Gott Hiob strafte, weil er was Böses getan hat, was er nicht zugeben will. Und genau an dieser Stelle kann man sagen, dass es sehr leicht ist, jemanden zu verurteilen, wenn man nicht in seiner Lage ist. Oft verurteilen wir Menschen für das, was sie gerade durchmachen, ohne zu wissen, wie es dazu kam und was gerade in dem Menschen, der uns gegenübersteht und leidet, vorgeht. Wir Menschen sind ungeduldig, wir können nicht alles, was gerade ein anderer erlebt, nachvollziehen. Wie wollen wir denn ein fremdes Leid nachvollziehen und uns in die Lage von Jemandem versetzen, dessen Gefühle und dessen Herzschmerz uns fremd ist? Das ist nur Gott möglich, denn er kennt uns. Er kennt unsere Herzen und er weiß besser als wir selbst, was wir in solchen Verlustsituationen erleben. Nur Gott hat eine Heilung für uns in solchen Situationen.

Nachdem die drei Freunde von Hiob aufgehört haben, ihm Vorwurfe zu machen, kam der Sohn des einen Freundes und sagte etwas, was alle vier (Hiob und seine drei Freunde) übersehen haben, nämlich dass Gott niemals Unrecht tut und der Allmächtige das Recht nicht beugt. Wir vergessen oft viel zu schnell, dass Gott keine Fehler macht. In Situationen der Not greifen wir zu Vorwürfen gegen Gott, anstatt ihn um Hilfe zu bitten. Denn egal, was passiert, ist Gott mit uns und leidet mit seinen Kindern. Menschen werden geprüft, damit sie Ihre Schwächen erkennen, ihr Handeln überprüfen und sich von Gott korrigieren lassen. Und so kam als letzter auch Gott und sprach zu Hiob.

*Hiob 38,1-15: Und der Herr antwortete Hiob aus dem Wettersturm und sprach: Wer ist es, der den Ratschluss verdunkelt mit Worten ohne Verstand? Gürte deine Lenden wie ein Mann! Ich will dich fragen, lehre mich! Wo warst du, als ich die Erde gründete? Sage mir es, wenn du so klug bist! Weißt du, wer ihr das Maß gesetzt hat oder wer über sie die Richtschnur gezogen hat? Worauf sind ihr Pfeiler eingesenkt, oder wer hat ihren Eckstein gelegt, als mich die Morgensterne miteinander lobten und jauchzten alle Gottessöhne? Wer hat das Meer mit Toren verschlossen, als es herausbrach wie aus dem Mutterschoß, als ich es mit Wolken kleidete und in Dunkel entwickelte wie in Windeln, als ich ihm seine Grenze bestimmte mit meinem Damm und setzte ihm Riegel und Tore und sprach: >> **Bis hierher sollst du kommen und nicht weiter;** hier sollen sich legen deine stolzen Wellen! <<? Hast du zu dieser Zeit dem Morgen geboten und der Morgenröte ihren Ort gezeigt, damit sie die Ecken der Erde fasste und die Gottlosen herausgeschüttet*

würden? Sie wandelt sich wie Ton unter dem Siegel und färbt sich bunt wie ein Kleid. Und den Gottlosen wird ihr Licht genommen und der erhobene Arm zerbrochen werden.

Gott erzählte Hiob, wie er alles auf der Erde schuf, jedes Lebewesen, die Natur, Himmel und Erde und die Menschen. Dabei fragte Gott immer wieder, wo Hiob war, als er all das geschaffen hat und ins Leben gerufen hat, als er fehlerlos alles organisiert hat, damit alles funktionieren kann.

Gott hat den Menschen zuletzt geschaffen. Gott schuf den Menschen erst dann, als er alles vorbereitet hatte. Warum hat er das wohlgetan? Hast Du dir mal diese Frage gestellt, warum Gott vorher alles perfekt gemacht und vorbereitet hat und erst dann am Ende den Menschen ins Leben gerufen hat, in das Eingemachte, wo Adam und Eva nichts und gar nichts leisten mussten, ganz im Gegenteil - sie sind als letzte geschaffen worden, sie kamen als letzte, brauchten nichts zu tun, außer das perfekte Werk von Gott zu genießen. Gott macht keine Fehler. Er hat die Menschen an seiner Arbeit nicht beteiligt, damit wir nie auf die Idee kommen, Gott zur Rechenschaft zu ziehen oder uns selbst zu loben. Gott schuf alles allein und stellte uns Menschen diese Perfektion zur Verfügung, ohne dass wir etwas dafür leisten mussten. Deswegen hat Gott auch Hiob gefragt, wo Hiob war, als Gott dieses Kunstwerk = die Erde für uns vorbereitet hat. Gott fragte Hiob, woher er sich eigentlich das Recht nimmt, ihn zu verurteilen; den Gott zu verurteilen, der alles für ihn getan hat, aber nie von Hiob eine Gegenleistung erwartet, verlangt oder bekommen hat.

Hiob 42: *Und Hiob antwortete dem Herrn und sprach: ich erkenne, dass du alles vermagst, und nichts, das du dir vorgenommen hast, ist zu schwer. >>Wer ist der, der den Ratschluss verhüllt mit Worten ohne Verstand? << **Darum habe ich unweise geredet, was mir zu hoch ist und ich nicht verstehe.** So höre nun, lass mich reden, **ich will dich fragen, lehre mich!** Ich* *hatte von dir nur von Hörensagen vernommen; **aber nun hat dich mein Auge gesehen. Darum spreche ich mich schuldig und tue Buße in Staub und Asche."***

Hiob erkannte seinen Fehler. Er erkannte, dass er Gott bis zu diesem Moment nicht kannte. Er vertraute auf seine „guten Werke" aber nicht auf das Wort Gottes. Hiob dachte, wenn ich mich gut und rechtschaffen verhalte, bin ich gerecht genug, um Gott zur Rede zu stellen und mit Gott zu rechten. **In diesem Moment hat Hiob verstanden, dass er unweise war. Unweise, weil er Gott so lange nicht kannte. Die Weisheit kam erst in diesem Moment, als Hiob Gott wirklich direkt kennengelernt hat.** Und genau das ist auch die Schwachstelle vieler Menschen (auch meine lange Zeit gewesen). Sie meinen Gott zu kennen vom Hörensagen oder wenn sie rituell dreimal in der Woche in die Kirche gehen. Nein, liebe Freunde, Gott ist für jeden INDIVIDUELL, genauso wie auch Du individuell bist. Du kannst Gott nicht von Erzählungen kennenlernen. Er wartet auf dich, auf deine Fragen, auf deinen Durst und Hunger nach ihm. Er will eine Beziehung mit dir führen, eine sehr enge und intime Beziehung, in der Du die Möglichkeit bekommst, ihn kennenzulernen. Denn er kennt dich schon und wartet auf dich. Genau das hat Hiob erkannt und sagte: „ich will dich fragen, lehre mich." Ich will dich fragen bedeutet hier: ich will dich kennenlernen, eine intime Beziehung mit dir führen. „Lehre mich" ist so viel wie: zeige mir, wer Du bist, erlaube mir, dich kennenzulernen, erzähle mir von dir, damit ich dich kenne und dir vertraue. „Darum spreche ich mich schuldig und tue Buße in Staub und Asche." = Buße bedeutet nicht Leiden, wie die Priester in der katholischen Kirche predigen. **Buße bedeutet, seine Fehler zu erkennen und bereit sein, diese zu korrigieren und nicht mehr zu machen.**

An dieser Stelle solltest Du dir etwas unbedingt merken, und zwar: Leid, Schmerz, Tod kommt nie von Gott, sondern von deiner unweisen Art und Weise zu leben. Solange Du Gott nicht individuell kennst, bist Du unweise. Es ist egal, wie Du dich anstrengst, gut zu sein. Du wirst unweise bleiben, und zwar so lange, bis Du Gott kennengelernt hast. Die Weisheit kommt erst dann, wenn Du Gott, deinen Schöpfer, kennengelernt hast und mit ihm eine enge, individuelle und sehr intime Beziehung führst. Und diese Beziehung, Freunde, ist intimer als eure Beziehung in der Ehe. Viele werden mich vielleicht an dieser Stelle belächeln, aber ich sage euch: dein Partner, bzw. deine Partnerin, kennt dich nicht so gut wie Gott. Er, dein Himmlischer Vater, kannte dich noch im Bauch deiner Mutter. Er kannte sogar deinen Namen vor deiner Geburt.

Jesaja 49,1: Der Herr hat mich berufen von Mutterleibe an; er hat meines Namens gedacht, als ich noch im Schoß der Mutter war.

Jeremia 1,5: Ich kannte dich, ehe ich dich im Mutterleibe bereitete, und sonderte dich aus, ehe du von der Mutter geboren wurdest.

Verstehst Du jetzt, warum die Beziehung zu Gott intimer ist als deine Beziehung zu deiner Ehefrau, bzw. zu deinem Ehemann?

Wir werden nie in der Lage sein, alles zu verstehen, aber wir sollen stets in der Lage sein, zu erkennen, dass Gott alles im Griff hat und alles, was vom Gott geschaffen wurde, wunderschön ist. Gott macht keine Fehler. Und nichts, aber auch gar nichts, überlässt er dem Zufall, denn er hat stets alles im Griff: auch dein Leben, auch das Leben deiner Familie und deiner Kinder und auch das Leben deines Hundes oder deiner Katze. Gott will, dass wir wissen, dass wir trotz der Hoffnungslosigkeit, die wir in manchen Momenten verspüren, nicht allein sind, sondern Gott auch in dieser Situation bei uns ist. Genau das hat er auch Hiob zu verstehen gegeben, nämlich dass er mit ihm war: nicht nur dann als es ihm blendend ging, sondern auch in den schwierigsten Momenten seines Lebens. Wäre Gott der böse Gott, könnte er Hiob einfach von oben beobachten und zusehen, wie er leidet. Aber das ist er nicht, unser Gott ist barmherzig mit uns. Hiob hat den Sinn all seines Leides in diesem Moment erkannt. Er hat sich selbst für gerecht gehalten. Aber keiner ist gerecht, nicht mal einer, denn wir alle sind Sünder. Selbstgerechtigkeit und Stolz verblenden uns und entfernen uns von Gott. Hiob hat durch diese Situation erkannt, dass er nicht so perfekt war, wie er dachte und tat Buße (er hat seine Fehler erkannt und zugelassen, dass ihn Gott korrigiert, indem er sagte: „Ich will dich fragen, lehre mich"). Er war bereit, Verantwortung für sein Fehlverhalten zu übernehmen, seinen Stolz loszulassen und sich korrigieren zu lassen. Das ist der Sinn vieler Situationen in unserem Leben. Gott ersetzt alles und gibt uns vielmehr, als das, was wir verloren haben. **Unsere Aufgabe ist nur loszulassen und uns korrigieren zu lassen.** Die Korrektur durch unseren Schöpfer ist sanft und liebevoll, meine Freunde. Warum korrigieren wir unsere Kinder, wenn sie etwas falsch machen? Passiert das nicht allein deswegen, weil wir unsere Kinder lieben und nicht wollen, dass sie leiden? Warum erweisen wir unseren Kindern Gnade, in dem wir ihnen alles verzeihen? Wir verzeihen und korrigieren, weil wir lieben! Und genau aus diesem Grund verzeiht und korrigiert uns unser himmlischer Vater. Er verzeiht und korrigiert uns, weil er uns **bedingungslos** liebt. Mittlerweile bete ich jeden Tag dafür, dass mich Gott korrigiert und mir sagt: Du bist mein geliebtes Kind. Denn keiner ist in der Lage, dich mehr als Gott zu lieben, wirklich keiner. **Seine Liebe ist vollkommen, seine Liebe ist bedingungslos, seine Liebe ist grenzenlos.** Er liebt alle seine Kinder, unabhängig davon wie unsere Vergangenheit aussieht! Gott ist nicht unsere Vergangenheit wichtig, sondern die Gegenwart und die Zukunft = die Ewigkeit mit ihm.

Was passierte, nachdem Hiob die Macht Gottes erkannt sowie seine Selbstgerechtigkeit und seinen Stolz abgelegt und sich zu 100 % auf Gott verlassen hatte, ihm sein Vertrauen schenkte und ihn um Freude bat?

Und der Herr erhörte Hiob und gab ihm doppelt so viel, wie er zuvor gehabt hatte. Und er bekam sieben Söhne und drei Töchter und es gab keine so schönen Frauen im ganzen Lande wie die Töchter Hiobs. Und ihr Vater gab ihnen Erbanteil unter ihren Brüdern. Und Hiob lebte danach 140 Jahre und sah Kinder und Kindeskinder bis in das vierte Glied. Und Hiob starb alt und **lebenssatt**.

Das ist der Sinn vieler Situationen und Prüfungen in unserem Leben. Gott ersetzt alles und gibt uns vielmehr als das, was wir verloren haben, vielmehr als das was wir uns jemals erhofft und erträumt haben. Wir dürfen uns nicht auf die Vergangenheit samt den Verlusten, die wir erfahren haben, konzentrieren, sondern dürfen voller Zuversicht, Hoffnung und Glauben mutig nach vorne schauen und die Nähe Gottes suchen.

Gott erhört uns dann, wenn unsere Gebete gut sind. Gut sind die Gebete nur dann, wenn sie uns Frucht bringen werden. Gott wird uns nie etwas geben, wofür wir beten, wenn er weiß, dass dieses Etwas nicht gut für uns ist. Es steht nicht umsonst geschrieben: „dein Wille geschehe, dein Reich komme, wie im Himmel, so auch auf Erden."

Viele Sachen scheinen uns gut zu sein, aber das ist nur der Schein. Nur Gott weiß, was wirklich gut für uns ist. Gott zerstört oft unsere Pläne, bevor unsere Pläne uns zerstören!

Es soll uns bewusstwerden, wie sehr wir Gott brauchen! Der Unterschied zwischen einem Leben mit Selbstgerechtigkeit und Stolz ohne Gott und einem Leben in Demut mit Gott, ist gewaltig groß. Gott lässt Situationen oder Erlebnisse in unserem Leben zu, weil er uns so ändern kann und uns zeigen kann, was uns noch fehlt, um glücklich im Frieden zu leben. Hiob starb alt und lebenssatt. **Lebenssatt** bedeutet erfüllt, glücklich und genau das ist der Sinn unseres kurzen Lebens hier auf der Erde - lebenssatt aus dieser Erde zu gehen und unser ewiges Leben fortzusetzen:

ein Leben in Ewigkeit mit unserem Schöpfer, ein Leben in Fülle, ohne Schmerz, ohne Trauer, ohne Alterserscheinungen.

Gott lässt Situationen zu, um uns zu erneuern! Nur etwas, was kaputt geht, kann erneuert werden.

Deswegen finde ich Fragen wie: „Gott, warum muss genau ich das erleben?" oder „Gott, warum passiert mir ausgerechnet das?" falsch, obwohl ich diese Fragen selbst oft genug in der Vergangenheit Gott gestellt habe. Es gibt keine Zufälle und dein Leben ist auch nicht dem Zufall überlassen. Mittlerweile ist mein Gedankengang wie folgt: „Gott, ändere und erneuere alles, was notwendig ist, damit ich in meine Bestimmung reinkommen kann." Denn Gott hat für jeden von uns eine Bestimmung. Er verwendet uns alle, auch dann, wenn wir es nicht merken.

Wenn Menschen in schwierige Situationen kommen und diese auch nicht verstehen, lassen Ängste, Zweifel, Schuldgefühle und Enttäuschung bis hin zu Hass ihr Leben kontrollieren und bestimmen. Viele von uns haben diese Stufen bestimmt schon mal erlebt. Schwierig ist, wenn die Situation lange andauert, denn dann ist besonders große Stärke und Einsicht, sowie Erkenntnis von uns verlangt.

2015, 2016, 2017, 2018, 2019 habe ich so viele Enttäuschungen, privat und beruflich erlebt. Es gab Momente, in denen der Schmerz so stark war, dass ich einfach ins Auto gestiegen und ziellos gefahren bin, um in Ruhe zu leiden. Ich habe geweint und geschrien im Auto. Kannst Du dir vorstellen, wie groß der Schmerz in meiner Seele war? Ich bin in dieser Zeit von Gott nicht weggekommen, aber ich habe ihn ständig zur Rechenschaft gezogen, oder zumindest versucht, denn **Gott schuldet mir keine Rechenschaft!** Ich habe ihn gefragt: „warum muss ich das alles erleben und warum war mein Leben so schwer? Warum haben andere es so leicht und unbeschwert in ihrem Leben, obwohl sie nichts dafür getan haben, und warum habe ich es so schwer, obwohl ich in Vorleistung gegangen bin, und zwar überall, wo ich nur konnte?" Ich habe genauso wie Hiob nur noch meine eigenen Werke gesehen. Aber nicht unsere Werke erretten uns, sondern unser Glaube!!! Selbstgerechtigkeit und Stolz haben mich zerstört. Ich habe die Situationen nicht so akzeptiert, oder versucht mich zu ändern, sondern wollte Gott ändern, damit es mir passt, damit er endlich mal versteht, was ich will. Jetzt lache ich darüber, während ich hier so diese Zeilen schreibe. Ja, ich lache über mich selbst und ich glaube Gott lacht auch mit mir in solchen Momenten der Erkenntnis, denn er hat es mit mir nie leicht gehabt, aber er hat mich trotzdem nie allein gelassen.

2019 kam die nächste Enttäuschung. Beruflich lief es nicht so, wie ich es wollte. Eigentlich stelle ich jetzt im Nachhinein fest, dass ich viele Enttäuschungen erleben musste, weil ich sehr ungeduldig war und nicht so ein Vertrauen in Gott hatte, wie jetzt. So habe ich mich Ende 2019 entschieden, eine Pause zu machen und mich für eine Weile von Gott zu entfernen (eine bewusste Pause), damit ich ihm zeige, dass es ohne ihn auch geht, wenn er mir sowieso seit Jahren nicht hilft und mir nicht gibt, wonach sich mein Herz so sehr sehnt. Unter Hilfe habe ich damals verstanden, alles zu bekommen, was ich gerade will. Dabei wusste ich noch nicht, was in dem Alten Testament steht, und zwar: Wenn ich das mache, bekomme ich das und das (5. Mose 28 Ankündigung von Segen und Fluch – die Liste mit „Wenn" am Anfang ist sehr lang, aber sehr ernüchternd klar). Es steht aber nicht geschrieben: wenn Gott das und das macht, bekomme ich das, was ich will. Selbstgerecht, egoistisch und stolz war ich. Ich habe nie gefragt, was Gott von mir will, oder was er für mich geplant hat. Ich habe mich nur noch auf das konzentriert, was ich wollte. Ich ging nicht mehr zum Gottesdienst. Da ich mich mit dem Pastor auch ein paar Wochen vorher gezofft habe, war es mir recht so. Also ich hatte damit für mich eine Entschuldigung und brauchte kein schlechtes Gewissen zu haben. Jetzt lache ich über mich, aber meine Entscheidungen waren zu dem damaligen Zeitpunkt nicht immer die weisesten. Gleich als ich die Entscheidung getroffen habe, für eine Weile von Gott komplett fernzubleiben, kam eine verlockende Werbung auf mein Handy, die ich gleich in Anspruch genommen habe. **Vergiss nicht: Satan ist sehr fleißig und er verpasst keine Gelegenheit!** Die Werbung war 1 Monat lang Filme kostenlos zu schauen. Und jetzt, an dieser Stelle will ich die Blicke der Menschen sehen, die mich kennen. Jeder, der mich kennt, weiß ganz genau, dass ich seit über 10 Jahren weder TV-Gerät noch ein Radio in der Wohnung habe oder benutze. Aber in diesem Moment wollte ich alles anders machen: mal Filme schauen - einen Monat lang kostenlos und mich von Gott entfernen für unbestimmte Zeit. Das Schlimmste waren meine Gedanken: Gedanken, die auf Stolz und Selbstgerechtigkeit basierten und in mir in Sekundenschnelle wuchsen. Ich wusste, dass es falsch ist, aber ich wollte es bewusst so machen. Also habe ich bewusst von Gott Abstand genommen und mich bewusst Gott widersetzt. Das Erste, was ich entdeckt habe, war eine Serie über Vampire. Natürlich war mir als gläubiger Christ bewusst, dass es falsch ist, mir solche Filme anzuschauen und so viel Zeit der anderen Seite (dämonische Seite) zu schenken. Ich dachte aber, mir kann nichts passieren. Ungefähr Ende 2019 habe ich mich mit dieser Serie über Vampire, Hexen, Werwölfe beschäftigt. Das Ende der Serie ergab keinen Sinn, was mich natürlich über die Zeitverschwendung noch mehr aufgeregt hat. Anstatt wieder zu Gott zurückzukehren, habe ich mich entschlossen, die Pause zu verlängern. Auf einmal hatte ich Angst, draußen im Dunkeln, mit Seppi Gassi zu gehen. Ich habe mich verfolgt gefühlt. Ich habe auf einmal am Abend auch in meiner Wohnung Angst gehabt (in der Wohnung, in der ich mich immer sicher gefühlt habe). Seppi zitterte vor Angst in der Wohnung und ich konnte seine Panikattacken nicht verstehen. Er zitterte ohne erkennbare Gründe. Ich habe seinen Zustand nicht mit der ganzen Situation in Verbindung gebracht. Mir wurde klar, dass ich der anderen Seite, dem Teufel viel zu viel Macht durch mein Verhalten, Trotz, Stolz, Selbstgerechtigkeit,

Selbstsucht gegeben habe. Gleichzeitig war ich in diesem Moment so entfernt von Gott, dass ich den Weg zurück zu ihm nicht fand. Ja, es ist komisch, aber es war nicht leicht, einfach zurückzukommen. Die Ängste wurden größer - die Angriffe auch. Etwas hinderte mich daran zurückzukommen. Zwischen mir und Gott stand - gefühlt - auf einmal eine Betonwand. Ich konnte nicht beten, ich konnte nicht mehr mit Gott reden, die Beziehung zu Gott war zerstört. Und das war sehr schlimm für mich. Denn ich wusste, was Gott für mich getan hat - allein nach dem Tod meiner Mutter! Ich wusste, dass Gott existiert und ich ihn brauche und habe ihm trotzdem aus Stolz den Rücken zugewandt. Es war furchtbar, ich habe mir solche Vorwürfe gemacht. Und so wurde Seppi auf einmal sehr aggressiv; so aggressiv, dass ich auch von ihm Abstand nahm. Ich habe nicht verstanden, was mit ihm passiert. In diesem Moment habe ich mir nur noch gedacht: „Du bist von Gott entfernt, dein Hund (das Ein und Alles, was Du hast) lässt auch keine Nähe zu." Ich stand da und alles passierte real vor meinen Augen, aber ich war machtlos. Ich konnte die Situation nicht ändern, obwohl ich es mir so sehr gewünscht habe. Eine Woche später, nachdem sich Seppi so verändert hat, lief Blut aus seinem Mund raus. Ich habe sofort seinen Arzt in München angerufen und bin mit Seppi nach München gefahren. Ich habe mir alles so erklärt: Seppi hat irgendwo einen Zahn, der locker ist, es tut ihm weh und deswegen die Aggression. Für mich war alles klar auf dem Weg nach München. Ich dachte, der Zahn wird rausgenommen, dem Seppi geht es wieder gut und alles passt. Im München angekommen, bekam Seppi Narkose und der Arzt hat sich den Kiefer angeschaut. Auf einmal hatte ich große Angst. Der Arzt war sehr ernst und sagte mir: „Frau Stoyanova setzen Sie sich hin." Mir kamen die Tränen raus und ich konnte nur noch sagen: „nein, ich setze mich nicht hin." Ich war nicht bereit für sowas. Dann sagte er weiter: „Sie sollen sich langsam vorbereiten und von Seppi Abschied nehmen." Er erklärte mir, dass es sich um einen Tumor handelt, der rasant den Kiefer wegfrisst und der untere Kieferknochen kurz vor Brechen ist. Er sagte mir, dass Seppi noch zwei, vielleicht drei Monate hat. Ich habe innerlich geschrien. Ich bin in mich selbst zusammengesackt und ich habe ihm gesagt, dass er sich irrt. Ich wollte das einfach nicht wahrhaben, was er mir gerade sagte. Daraufhin haben wir auch mehrere Röntgenbilder gemacht, die seine Aussage bestätigten. Auf den Bildern könnte man sehen, dass der Kiefer fast weg und kurz vorm Brechen war. Ich wollte nur noch raus. Ich habe Seppi genommen und bin ins Auto gegangen. Ich war nicht in der Lage zu fahren, eigentlich sollte ich die Ruhe bewahren, damit ich Seppi nicht zusätzlich belaste. Stattdessen weinte ich im Auto laut und wollte am liebsten nicht mehr leben. Auf einmal hatte ich nur noch die Erinnerungen daran, wie schlecht es mir ging nach dem Tod meiner Mutter und stellte mir nur noch Frage, wie schlimm es jetzt sein wird. Seppi ist meine Familie: Ich liebe ihn so, wie eine Mutter ihr Kind liebt. Ich dachte nur noch: „dieses Mal werde ich es nicht verkraften können." Ich habe eine Freundin Ivonne angerufen. Gott sei Dank hatte sie an diesem Tag frei und war gerade zuhause und konnte sich die Zeit für mich nehmen. Ich habe, glaube ich mindestens 40 Minuten am Telefon geweint und vor Schmerzen geschrien. Ich musste stark sein, aber ich konnte nicht. Sie war so geduldig mit mir. Sie hat mir zugehört und konnte mich in dem Moment ein bisschen beruhigen. Ca. 10 Minuten nach dem Telefonat fuhr ich mit Seppi nach Hause. Anstatt Seppi zu unterstützen, bin ich zusammengebrochen und machte mir zusätzlich Vorwurfe, dass ich nicht stark genug für Seppi bin. Ich habe völlig versagt, im wahrsten Sinne des Wortes. Ich wollte beten, aber zwischen mir und Gott gab es eine Blockade. Anstatt Gott um Hilfe anzuflehen, verurteilte und beschuldigte ihn, dass er mir auch das Liebste wegnehmen lässt. Es ist momentan immer noch sehr schwer darüber zu schreiben, weil ich erneut an damals denken muss und innerlich alles wieder erlebe. Der Zustand von Seppi verschlimmerte sich von Tag zu Tag. Ich war nur noch am Weinen, zu Nix anderem im Stande, als in Mitleid mit mir selbst zu verfallen, ohne zu wissen, wie ich dieses Mal, das alles überstehen soll. Als 2015 meine Mutter starb, hat mir Gott gezeigt, dass er für mich da ist. Ich hatte Seppi und Gott. Ich musste allein wegen Seppi weiterkämpfen und leben, um für ihn da zu sein. Aber jetzt, jetzt war alles anders: nach Seppi hatte ich niemanden mehr, der mich braucht und ich wusste überhaupt nicht, wie ich den Verlust überstehen kann. Ich hatte in diesem Moment nicht mal Gott an meiner Seite, dachte ich mir. Ich habe weiter Gott verurteilt. Ich konnte nicht verstehen, warum das alles passiert. Ich wollte es nicht wahrhaben, aber ich konnte nichts ändern. Es vergangen fast zwei Wochen und ich informierte mich im Internet mit Tränen in den Augen, wie die Bestattung abläuft. Nachdem ich alles gelesen hatte, stand ich von der Couch auf und sah Seppi an. Er schaute mich an und hielt ein Spielzeug in seinem Mund. Ich schaute ihn an und fing an noch lauter zu weinen. In diesem Moment sprach Gott zu mir. Ich werde seine Worte nie vergessen: **„Kleingläubiger, wo ist dein Glaube geblieben? Ich werde ihn heilen. Warum betest du nicht? Bete!"** Ich habe weniger Vorwurf in dieser Ansprache gefühlt. Vielmehr habe ich einen großen Schmerz bei Gott gefühlt, gerade so, als ob er mit mir leidet und das habe ich klar gespürt. Ich spürte nur, wie sehr mir Gott helfen wollte. Mir wurde auf einmal klar, dass ich mir selbst und auch Gott im Wege stehe. Ich habe alles gegen Gott gemacht und dieser einzige und allmächtige Gott wollte mir trotzdem helfen. Versteht ihr, was ich meine? Seine Liebe erfüllte mich. Zum ersten Mal habe ich gespürt, was Gnade ist. Menschen hatten keine Gnade mit mir. Ich kannte das nicht so. Ich habe alles falsch gemacht und dieser allmächtige Gott kam trotzdem wieder zu mir und sprach so liebevoll mit mir. Ich bin sofort aufgestanden und habe nur noch Folgendes gesagt: „Es ist meine Schuld, ich habe dich aufgegeben (meinte ich in Bezug auf Seppi), ich habe dich aufgegeben mein Kind." Meine Knie wurden sofort weich! ich konnte nicht mehr stehen bleiben! Ich fiel zu Boden auf die Knie und bat Gott um Vergebung. In diesem Moment habe ich mich zum ersten Mal so schuldig vor Gott gefühlt. Meine Gedanken waren: „Vater, du hast immer alles für mich gemacht und ich war nie dankbar! Ich war nur noch am Meckern." Ich erkannte meine eigene Schuld und es reute mich zutiefst. Ich habe geweint und um Vergebung gebeten. Es war das erste Mal in meinem Leben, dass ich mich als Sünder gesehen habe und das erste Mal, dass ich Buße getan habe. So eine Reue für meine eigenen Taten hatte ich noch nie zuvor in meinem Leben gehabt. **Ich habe zum ersten Mal in meinem Leben erkannt, wer Gott ist.** Irgendwann bin ich aufgestanden und habe Seppi hochgenommen und bin mit ihm ins Bad gegangen. Ich habe die Badewanne halbvoll gemacht und im Anschluss Seppi dadrinnen getauft im Namen des Vaters, des Sohnes und des Heiligen Geistes. Ich habe laut nach dem ich Seppi aus dem Wasser hochgezogen habe, gesagt: „Vater jetzt gehört er dir. Ich bin machtlos, wer bin ich denn überhaupt. Ich übergebe dir die Kontrolle. Ich habe völlig versagt. Ich übergebe dir Seppi. Du entscheidest, ob er lebt oder nicht und ich werde deine Entscheidung akzeptieren. Er ist dein Kind, dein Gottes Kind, genauso wie ich es bin. Sollte er nicht wieder gesund werden, hilf mir, mit dem Verlust klarzukommen. Ich übergebe dir Seppis und mein Leben, ich habe nichts unter Kontrolle und ich kann nichts. In Jesu Namen kümmere dich um Seppi. Amen." Das waren meine Worte der Erkenntnis. In diesem Moment habe ich wie Hiob erkannt, dass ich ohne Gott eine riesige Null bin. Ich habe zum ersten Mal die Macht Gottes erkannt. Ich habe zum ersten Mal erkannt, wie allmächtig mein Gott ist und dass er beständig, konstant immer derselbe ist und sich nicht ändern wird, damit es mir passt. Ich habe endlich mal erkannt, dass es höchste Zeit ist, mich zu ändern und aufzuhören, von Gott nur noch zu verlangen, aber nicht bereit zu sein, so zu leben, wie es Gott gefällt.

Nach diesem Geständnis - ein Geständnis auch vor mir selbst - hat sich alles verändert. Gott hat mein Herz wieder weich gemacht. Ab diesem Moment konnte ich mehrmals pro Tag für

Seppi beten, und zwar so stark beten, wie nie zuvor. Die Beziehung zu Gott war nicht nur zurück, sondern noch stärker als vorher. Ich habe erkannt, dass ich nichts kann; dass ich nichts beeinflussen kann und nichts machen kann, als Gott die Kontrolle zu übergeben und ihm zu 100 % zu vertrauen. Ich habe zum ersten Mal das Gebet: „dein Wille geschehe" verstanden und tatsächlich akzeptiert. Ich betete fast ununterbrochen. Seppi hat angefangen sich zu verändern: es war bergauf, bergab, wieder bergauf. In dieser Zeit, in der Gott angefangen hat, an Seppi zu arbeiten und ihn zu heilen, hat auch der Gegner nicht lockergelassen. Seppi wurde wieder sehr aggressiv. So aggressiv, dass ich mich ihm nicht annähern konnte. Immer, als ich ihn nehmen wollte, um ihm die Hand aufzulegen und für ihn zu beten, lief er in sein Bett und knurrte mich an. Es war so schlimm, dass ich sogar Angst hatte ihn zu berühren und das nach 13 Jahren. Über dem Bett von Seppi und in seiner Nähe, war ein schwarzer Schatten. Am ersten Tag, als ich Seppi aus dem Bett rausholen wollte, konnte ich mich sein Bett nicht mal annähern. Der Schatten hat mich geblockt und ich spürte Angst. Jeder, der mich kennt, weiß, dass ich nie von Angst spreche und eigentlich so gut wie nie Ängste verspüre. Aber das hier war anders: das, was ich in Seppis Augen sah und die Aggression, die auf einmal aus ihm herauskam, hat mir noch zusätzlich gezeigt, dass ich durch diese Serie und die bewusste Entfernung von Gott, dämonische Kräfte zuhause reingelassen habe. Es wurde mir klar, dass ich durch mein Verhalten Seppi in Gefahr gebracht habe. Je stärker meine Beziehung zu Gott wurde, desto aggressiver wurde Seppi durch diese dämonische Anwesenheit. Ich habe angefangen, nicht nur um Heilung, sondern auch um Austreibung der Dämonen aus der Wohnung, sowie Befreiung von Seppi zu beten. Mir wurde auf einmal klar, warum Seppi von jetzt auf gleich den Tumor bekam und dieser Tumor so aggressiv und schnell seinen Kiefer zerstörte. Es waren dämonische Kräfte am Werk. Satan arbeitet mit aller Kraft daran, uns von Gott zu entfernen und wenn wir zurück den Weg zu Gott finden, sind die

Angriffe noch stärker und auf einmal auch sichtbar und sehr real - wie dieser hässliche und sehr angsterregende schwarze Schatten, der über dem Bett von Seppi war. Die Augen von Seppi waren anders: es war etwas sehr Böses in seinen Augen zu sehen; etwas, was ich zum ersten Mal erlebte. Am dritten Tag Beten und Lobpreismusik zuhause, verschwand der Schatten ein für alle Mal. Die Gebete für Seppi für die Heilung und die Befreiung von den Aggressionen dauerten länger: ca. zwei Monate lang. Preise den Herrn, Seppi ist wieder normal und wir kuscheln wieder wie früher.

Nach einer Weile ging es Seppi besser und ich bin mit ihm zu einem anderen Tierarzt gegangen. Ich wollte hören, dass sich der erste Arzt geirrt hat. Leider wurde auch von dem zweiten Arzt (eine Ärztin in Wessobrunn) die Diagnose bestätigt und mir noch einmal gesagt, dass man nichts machen kann in diesem Fall. Natürlich war ich in diesem Moment wieder am Boden zerstört. Ich habe jeden Tag Seppi Schmerzmittel geben müssen, weil mir die Ärzte gesagt haben, dass er es ohne Schmerzmittel nicht aushalten kann. Ich betete weiter. Die Beziehung zu Gott war so stark, dass ich ständig beten konnte und wollte. Zwei Tage nach dem Besuch bei dem zweiten Arzt, habe ich mich entschieden, nicht mehr zum Arzt mit Seppi zu gehen, sondern nur dem Gottes Wort, seinem Versprechen zu vertrauen. Ich betete ständig und Seppi ging es immer besser und besser. Ca. zwei Monate nach der Diagnose habe ich angefangen zu vergessen, Seppi das Schmerzmittel zu geben. Es war ein flüssiges Schmerzmittel (einmal in der Früh und einmal am Abend). Nachdem ich an einem weiteren Tag wieder das Schmerzmittel vergessen habe, schaute ich Seppi an und sagte: „kann es sein, dass du kein Schmerzmittel mehr brauchst?" In diesem Moment verspürte ich gleich eine Wärme - eine Wärme, die durch den ganzen Körper geht und es war mir klar, Gott heilt ihn. Gott redet mit uns, er beantwortet jede Frage. Wir sollen nur bereit sein, ihm zuzuhören. Und so haben wir das Schmerzmittel weggelassen.

Seppi hatte keine Schmerzen. Ich habe vorsichtig angefangen, in meinem Freundeskreis von dem zu erzählen, was Gott mit Seppi momentan machte. Nur meine Freundin Ivonne glaubte es, alle anderen haben mich nur so komisch angeschaut; so ungefähr der Blick, wie wenn du jemandem erzählst, dass Du gerade ein UFO gesehen hast, vielleicht noch schlimmer. Das störte mich aber nicht, denn ich wusste, was mir Gott sagte und ich sah, wie sich sein Wort erfüllte: er heilte Seppi sichtbar für alle. Einen weiteren Monat später fuhr ich mit Seppi wieder nach München zu seinem Arzt. Er schaute ihn an und sagte nur, er kann sich nicht erklären, warum er noch hier ist. Ich habe angefangen, ihm zu erzählen, dass es ihm besser geht. Ich wollte ihm gerade sagen, dass er seit einer Weile auch ohne Schmerzmittel lebt, aber bevor ich ihm das sagen konnte, hat er mich unterbrochen. Ich soll mir keine große Hoffnung machen, weil es danach noch schlimmer für mich wäre. Ich habe diesen Arzt nur angeschaut, mit einem vernichtenden Blick und ihn gefragt, ob er an Gott glaubt. Er hat mich ausgelacht: „Frau Stoyanova, ich bin Arzt, natürlich glaube ich nicht an Gott." Ich wollte diesen Mann in diesem Moment nicht mehr sehen. Ich antwortete nur: „Sie sind nur ein Mensch. Nicht Sie entscheiden, wer wie lange lebt, sondern Gott." Ich habe Seppi mitgenommen und bin nach Hause gefahren. Dem Seppi ging es gut und ein paar Monate später habe ich angefangen, seine Herztabletten zu vergessen. Die Herzklappen von Seppi funktionierten seit 2018 nicht mehr. Sie schlossen nicht mehr und deswegen musste Seppi jeden Tag Herztabletten nehmen. Anfang 2020 hat sich dies sogar so sehr verschlimmert, dass Seppi auf einmal bewusstlos auf dem Boden fiel und sein Herz in dem Moment nicht mehr funktionierte. Ich hatte gerade jemanden im Büro, der mir ein Programm installierte. Ich betete für Seppi, bis er wieder aufstand. Seit diesem Vorfall musste er sogar noch zusätzliche Entwässerungstabletten nehmen. Der Zustand der Herzklappen war sehr schlecht und seine Ärzte waren besorgt. Nachdem ich schon zum mindestens fünften Mal die Tabletten vergessen hatte und das jeden Tag, war meine Frage wie folgt: „Vater redest Du mit mir?" Und die Antwort war ein sehr warmes „Ja" wie bei dem Schmerzmittel. Die Herzuntersuchungen machen wir in der Tierklinik in Unterhaching, die normalerweise nie spontan Termine anbieten kann. Es war Montag, ich habe sofort angerufen und bekam gleich für Mittwoch den Termin. Es war mir klar, dass alles von Gott kommt. Am Mittwoch fuhr ich mit Seppi nach Unterhaching, es war im Oktober 2020. Die Ärztin untersuchte das Herz 7-mal mit dem Ultraschall. Ich wusste schon warum 7-mal. Mit einem Erstaunen fragte sie mich: „wie alt ist der Seppi noch mal?" Ich habe ihr gesagt: „vor ein paar Tagen 14 geworden." Da hat sie Seppi mit dem Ultraschall noch einmal untersucht und hat mich nur noch angeschaut. Ich fragte sie mit strahlendem Gesicht: „was ist los? Kann es sein, dass er geheilt ist?" Da schaute sie mich an und sagte: „erstaunlich, die Herzklappen schließen fast wieder zusammen, die Klappen funktionieren sehr gut und schließen zu 95 % wieder zusammen. Sehen Sie, sehen Sie, die Klappen schließen zusammen. Haben Sie es gesehen, es ist erstaunlich. Die Klappen sind geheilt." Ich habe sie angeschaut und gesagt: „Ich wusste es, das ist Gott. Glauben Sie an Gott?" Sie antwortete: „Ja, ich glaube schon an Gott, aber nicht so wie Sie." Ich schenkte ihr einen Kalender für das Jahr 2021 mit dem Titelblatt „Gottes Segen" und verabschiedete mich. Unterwegs habe ich versucht die ganze Welt anzurufen und von der Heilung zu erzählen. Leider waren alle auf der Arbeit und ich wusste nicht mehr mit wem ich meine Freude noch teilen kann. In Weilheim angekommen, habe ich mich entschlossen, mit Seppi eine Runde um den See herum zu machen. Da dachte ich mir: „Warte mal, ich rufe jetzt diesen Ungläubigen von Seppis Arzt in München an, um ihm zu erzählen, dass doch Gott die Entscheidungen trifft und nicht er." Ich rief ihn an und erzählte ihm von dem Ergebnis und sagte, dass er die Ergebnisse diese Woche noch von der Klinik in Unterhaching bekommen wird. Ich habe diesen Arzt zum ersten Mal so glücklich und Energie geladen, erlebt. Ich hörte nur, wie er nur noch ununterbrochen wiederholt: „Unglaublich, unglaublich. Herzklappen heilen nicht. Frau Stoyanova, das ist unglaublich." Ich glaube, er ist sogar gesprungen, während er mit mir telefonierte. Ich habe ihm dann die Frage am Telefon gestellt: „Dr. U., jetzt frage ich Sie noch einmal >>Glauben Sie an Gott? << und die Antwort hat mich dieses Mal sehr überrascht. Er antwortete: „Frau Stoyanova, wenn ich ehrlich sein soll, ich glaube, dass ich langsam an Gott glauben soll, oder?" Ich habe lachend geantwortet: „Das sollen Sie selbst entscheiden." Ein älteres Ehepaar am See ist stehengeblieben und hat das ganze Telefonat mitgehört. Ich war so glücklich, strahlend habe ich nur noch gesagt: „das ist Gott, er kann alles" und bin dann mit Seppi weitergelaufen. Ich war mit Seppi dann bis 13.01.2021 bei keinem Arzt mehr. Am 13. Januar 2021 hatte ich einen Termin zur Zahnreinigung von Seppi. Nur bei dem Gedanken, dass sich der Arzt wieder den Kiefer in Ruhe anschauen wird, bekam ich Zweifel. Ich war verunsichert. Was wird er mir denn dieses Mal sagen? Er hat den Kiefer vor einem Jahr zuletzt unter Narkose untersucht. Es wurde mir aber sehr schnell klar, dass dieser Zweifel nicht von Gott kommt und der Teufel wieder versucht, mich anzugreifen, um meinen Glauben zu schwächen. Also fing ich an, wieder mehrmals am Tag zu beten. Mir war eins klar: ich dürfte nie wieder zulassen, dass mein Glaube geschwächt wird. In der Bibel steht geschrieben: „es geschieht dir nach deinem Glauben." Also konnte ich mir keine Schwankungen meines Geistes mehr erlauben. Ich musste stark im Geist bleiben. Am 13.01.2021 um 9 Uhr war ich mit Seppi schon in München. Er bekam die Narkose und der Arzt bereitete ihn für die Zahnreinigung vor. An der Seite, wo der Tumor war, sollte ein Zahn raugezogen werden, weil er nicht mehr gesund war. Auf einmal kam Dr. U. aus dem OP - Zimmer heraus. Unsicher sagte er: „wir müssen einen Zahn ziehen, der sich an der Seite befindet, wo der Tumor war. Wenn der Zahn nicht leicht zu entfernen ist und der Kiefer doch bricht?" Ich habe mehrere Glaubensgeschwister um Gebet für Seppi gebeten. Ich sagte:

„Dr. U., der Zahn ist nicht gesund und muss raus." Daraufhin ging er ins OP - Zimmer rein und kam sofort wieder raus und sagte zu mir: „Frau Stoyanova, kommen Sie, machen Sie sich einen Kaffee, damit Sie Beschäftigung haben." Da habe ich zu ihm nur gesagt: „Ich habe schon eine Beschäftigung, ich bete für Seppi." Ich habe diesen Arzt zum ersten Mal so erlebt. Er war noch unsicherer als ich und wollte irgendwie eine Bestätigung von mir haben, dass die OP gut verlaufen wird. Und genau in diesem Moment habe ich gespürt, dass Gott da ist und alles unter Kontrolle hat. Der Arzt, der sich sonst immer so sicher fühlte, wollte auf einmal von mir wissen, ob alles gut verlaufen wird und ob ich was spüre. Vom ersten Tag an, seitdem er Seppi behandelt, war Seppi zum ersten Mal etwas Besonderes für ihn und nicht nur das gewöhnliche Tagesgeschäft. Gott war präsent und gab mir wieder die Zuversicht, sodass ich entspannt sagen konnte: „Jetzt mache ich mir einen Kaffee und Sie gehen ins OP – Zimmer zurück, ziehen den Zahn und alles ist ok." Daraufhin fragte er: „Sind Sie sicher, wie ist Ihr Gefühl?" In diesem Moment erkannte ich, wie Gott auch auf ihn wirkte und ich sagte zu ihm: „Gott ist mit Seppi im OP - Zimmer, gehen Sie jetzt auch hinein." Er schaute mich an und sagte: „Ok, dann gehe ich auch." Nach kurzer Zeit kam er mit Seppi heraus. Die OP ist gut verlaufen. Auch Seppi erwachte langsam aus der Narkose. Ich habe dann den Arzt nach dem Kieferzustand gefragt. Er sagte: „Es ist alles OK. Der Kiefer ist stabil und ich habe keine Bedenken mehr." Nach drei Tagen hatte Seppi einen Termin zur Nachuntersuchung und ich habe Dr. U. eine kleine Bibel geschenkt. Ich hätte nie erwartet, dass er die Bibel mit so einer Freude entgegennehmen und sie sogar vor seinen Arztbüchern sichtbar in seiner Praxis aufstellen würde. Gott segnet uns, damit wir ein Segen für andere sein können. Gott segnet Seppi, damit er ein Segen für andere sein kann und Hoffnung bringt; vor allem aber, damit die Gnade Gottes samt seiner Wunder sichtbar werden. Jeden Tag schaue ich Seppi an und sehe die Gnade Gottes. Ich habe es nicht geschafft, Gott zu verändern (Gott sei Dank, denn er ist perfekt), aber Gott hat mich verändert und ich bin sehr dankbar dafür. Leute ich habe 2020 zum ersten Mal in meinem Leben Dankbarkeit gespürt. Ich war nie vorher dankbar. Es war für mich alles selbstverständlich, kurze Freude nach jedem Erfolg und dann wieder die Messlatte höher gesetzt. Diese Dankbarkeit, die ich zum ersten Mal 2020 gespürt habe, ist unbeschreiblich. Ich habe die Gnade Gottes erfahren, eine Gnade, die ich unverdient bekommen habe. Eine Gnade, für die ich nichts machen musste, eine Gnade, die ich nicht durch oder wegen meiner Werke und Bemühungen bekommen habe. Durch diese Gnade habe ich Dankbarkeit erfahren. Gott gibt uns einen Frieden, den wir von niemanden auf dieser Erde bekommen können. Ohne Gott gibt es kein erfülltes Leben.

Genau so unkompliziert kümmerte sich Gott auch um das geschäftliche Leben. 2020 hat mir Gott gezeigt, dass mit ihm alles möglich ist, und zwar: Glaube nur, es wird dir nach deinem Glauben geschehen. Da wo das menschliche Können aufhört und der Mensch nichts mehr machen kann, beginnen die Gottes Wunder. Gott hat mir ausdrücklich gezeigt, dass alles, was in der Bibel versprochen wurde, Jede Verheißung, jedes Versprechen wahr ist. Gott verändert sich nicht, sein Wort erfüllt sich!

„Gott kann aber viel mehr tun als wir jemals von ihm erbitten oder uns auch nur vorstellen können. So groß ist seine Kraft.“
Epheser 3,20

Wir selbst sind verantwortlich für unser Leben! Wir selbst entscheiden, mit wem wir gehen! Denn man kann nicht zwei Herren dienen. Entweder dient man den einen oder dem anderen. Entweder dienen wir Gott oder Satan. Es gibt keinen Mittelweg! Jesus ist der Weg zum Vater. Wer ihn gesehen hat, hat auch den Vater gesehen. *Jakobus 4,7: „So seid nun Gott untertan. Widersteht dem Teufel, so flieht er von euch.“* (genauso wie er von Jesus in der Wüste geflohen ist).

6. Wenn wir Gott fürchten, haben wir nichts zu fürchten

Weder diese „Pandemie" noch die Menschen, die hinter der Pandemie stehen, dürfen wir fürchten. Was sagt uns Jesus in der Bibel? Er sagt **„Fürchte dich nicht"**. Mit anderen Worten: wir müssen Gott fürchten, indem wir das Böse meiden, indem wir Menschen dienen und Gutes tun. Fürchte Dich nicht, ich bin dein Gott bedeutet übersetzt: wenn du Gott fürchtest, hast du nichts zu fürchten. Ein Zitat von Willy Meurer passt auch sehr gut hierzu: **„Wer vor Gott kniet, kann vor jedem Menschen aufrecht stehen."** Jesus sagt Friede- Schalom. 365-mal in der Bibel sagt Jesus „Fürchte Dich nicht". 365-mal, wir haben 365 Tage im Jahr. Jesus sagt uns jeden Tag, jeden einzelnen Tag „Fürchte dich nicht". Fürchte dich nicht, weil Furcht die Tür für Krankheit, Depressionen, Unwohl, falsche Entscheidungen im privaten sowie im geschäftlichen Leben öffnet. Die Angst ist eine der stärksten Waffen des Teufels, wenn nicht die stärkste überhaupt, die er benutzt, um uns zu zerstören.

Johannes 16,22: „Und auch ihr habt Traurigkeit; aber ich will euch wiedersehen, und euer Herz soll sich freuen, und eure Freude soll niemand von euch nehmen". Johannes 16,33: „Das habe ich mit euch geredet, damit ihr in mir Frieden habt. In der Welt habt ihr Angst; aber seid getröstet, ich habe die Welt überwunden."

Durch Glauben haben wir Anteil an der Überwindung Jesu Christi. Wir müssen nein sagen zu der Furcht. Jesus sagt in **Matthäus 11,28-30: *Kommt her zu mir, alle, die ihr mühselig und beladen seid; ich will euch erquicken. Nehmt auf euch mein Joch und lernt von mir; denn ich bin sanftmütig und von Herzen demütig; so werdet ihr Ruhe finden für eure Seelen. Denn mein Joch ist sanft, und meine Last ist leicht.***

Komm jeden Tag zu Jesus, er entfernt das Joch, er nimmt die Last von deinen Schultern. Er fordert uns, von ihm zu lernen, er ist sanft und demütig. Komm zu Gott, lasst dich füllen mit seinen Frieden, mit seiner Heilung, mit seiner Gnade. Die Gnade Gottes, die wir unverdient jeden Tag empfangen, ohne dafür etwas zu machen. Jesus lehrt uns weiter, an Gott zu glauben. Die Betonung liegt auf Gott. Wir müssen wieder umkehren und anfangen wieder mit Gott zu leben, an Gott zu glauben und Gott zu vertrauen- nicht an Menschen glauben, nicht Menschen vertrauen, sondern an Gott glauben und Gott vertrauen.

Markus 11,22-24 spricht Jesus: Habt Glauben an Gott. Wahrlich, ich sage euch: wer zu diesem Berge spräche: Heb dich und wirf dich ins Meer! Und zweifelt nicht in seinem Herzen, sondern glaubte, dass geschehen werde, was er sagt, so wird es ihm geschehen. Darum sage ich euch: alles, was ihr bittet in eurem Gebet, glaubt nur, dass ihr es empfangt, so wird es euch zuteilwerden.

„Und zweifelt nicht in seinem Herzen"- Gott sieht unsere Herzen, er sieht in unserem Herzen. Unser Glauben wird nicht an Worte oder Werken gemessen, sondern an das was wir in unserem Herzen tragen. Gott verlangt keine Hochleistung von uns. Er will keine Beweise durch unsere Werke haben. Gott sieht nicht unsere Werke, sondern unsere Herzen. Gott interessiert sich nicht, was wir an Werke getan haben, sondern <u>warum</u> wir es getan haben. Was war der Beweggrund für deine Werke, war der Grund dein Glaube oder wolltest du dich beweisen, zeigen und behaupten. **Gottes Gnade kannst du dir nicht verdienen, du bekommst sie nur wegen deines Glaubens und der bedingungslosen Gottes Liebe und nicht wegen deiner Werke.** Zweifel ist auch eine mächtige Waffe des Teufels, Wenn wir zweifeln, sagen wir Gott: Du bist ein Lügner, du kannst uns das nicht geben, was du uns versprochen hast, wir entmachten in diesem Moment des Zweifels Gott und geben die Macht Satan und er kann dann mit uns spielen, manipulieren, Angst einreden, verunsichern und uns zerstören. Das müsste jedem bewusst sein. Es müsste Dir bewusst sein, dass du selbst entscheidest, wie dein Leben ist. Du entscheidest selbst durch die Gedanken deines Herzens, wie du lebst und was in deinem Leben geschieht. Denn Jesus sagt: **„es geschieht Dir nach deinem Glauben"**. Prüfe dich selbst: Ist dein Herz mit Glauben oder mit Zweifel erfüllt.

„Darum sage ich euch: alles, was ihr bittet in eurem Gebet, glaubt nur, dass ihr es empfangt, so wird es euch zuteilwerden." Was immer ihr da betet, so glaubt an das, was ihr betet und ihr werdet es empfangen, bekommen. Als mir gesagt wurde, dass Seppi noch 2 bis 3 Monate zu leben hat, war ich verzweifelt. Ich habe dem Arzt geglaubt und nicht Gott. In diesem Moment habe ich die Versprechen Gottes, seine Verheißungen vergessen. In meinem Herzen gab es keinen Platz für was Freudiges, für Hoffnung. Ganz im Gegenteil es war alles „schwarz" um mich herum. Was passierte in meinem Herzen damals. Ganz einfach, ich habe von Gott Abstand genommen, ich habe an ihn gezweifelt, ich habe sein Versprechen mir gegenüber außer Acht gelassen, vergessen und nicht in Anspruch genommen. **Gott will, dass wir ihn in Anspruch nehmen. Er hat alles für uns vorbereitet. Wir müssen seine Versprechen und Verheißungen in Anspruch nehmen.** Mit meinem Zweifel und Angst habe das Tor Satan aufgetan, das Tor meines Lebens. Er konnte mich kontrollieren, manipulieren und zerstören, weil ich es ihm erlaubt habe, indem ich mich von Gott entfernt habe und Menschen mehr geglaubt habe als Gott. Das alles habe ich 2 Wochen lang zugelassen. Und ich sage euch, es war schrecklich. Entscheide dich in deinem Herzen für Gott und nicht für den Feind, indem du zweifelst, dich fürchtest und damit die Kontrolle über dein Leben dem Falschen abgibst. Gib die Kontrolle über dein Leben Gott. Mach das bewusst und dir wird es an nichts mangeln! Hast Du schon jemals von Psalm 91 gehört oder gelesen?

7. Denk jeden Tag an Psalm 91

Psalm 91: 1 Wer unter dem Schirm des Höchsten sitzt / und unter dem Schatten des Allmächtigen bleibt, der spricht zu dem Herrn: meine Zuversicht und meine Burg, / mein Gott, auf den ich hoffe. Denn errettet dich vom Strick des Jägers und von der verderblichen Pest. Er wird dich mit seinen Fittichen decken, und Zuflucht wirst du haben unter seinen Flügeln. / Seine Wahrheit/ Treue ist Schirm und Schild, dass du nicht erschrecken musst vor dem Grauen der Nacht, / vor den Feilen, die des Tages fliegen, vor der Pest, die im Finstern schleicht, / vor der Seuche, die am Mittag verderben bringt. Wenn auch tausend Feilen fallen zu deiner Seite und zehntausend zu deiner Rechten, / so wird es doch dich nicht treffen. Ja du wirst es mit eigenen Augen sehen / und schauen, wie den Gottlosen vergolten wird. Denn der Herr ist deine Zuversicht, / der Höchste ist deine Zuflucht. Es wird dir kein Übel begegnen, / und keine Plage wird sich deinem Hause nahen. Denn er hat seinen Engeln befohlen, / dass sie dich behüten auf allen deinen Wegen, dass sie dich auf den Händen tragen / und du deinen Fuß nicht an einen Stein stoßest. Über Löwen und Ottern wirst du gehen / und junge Löwen und Drachen niedertreten. >> Er liebt mich = er klammert sich an mich, darum will ich ihn erretten; / er kennt meinen Namen, darum will ihn schützen. Er ruft mich an, darum will ich ihn erhören; ich bin bei ihm in der Not, / ich will ihn herausreißen und zu Ehren bringen. 16 Ich will ihn sättigen mit langem Leben / und will ihm zeigen mein Heil.<<

Lebe bewusst mit Gott unter seinem Schutz. Gottes Schutz ist Realität. Wir sollen ihn nur in Anspruch nehmen. Dieser Psalm ist kraftvoll, ein Psalm, der uns Gott gegeben hat für die Zeit, in der wir momentan leben.

Das Böse in der Welt ist immer versteckt. Psalm 91, 5-6: **dass du nicht erschrecken musst vor dem Grauen der Nacht, / vor den**

Feilen, die des Tages fliegen, vor der Pest, die im Finstern schleicht, / vor der Seuche, die am Mittag verderben bringt. Du brauchst dich nicht zu fürchten vor dem Schrecken der Nacht, vor dem Pfeil, der an dem Tag fliegt. Dieser Pfeil ist ein Zeichen für die Sorgen, Kummer, Probleme, Leid, die wir am Tag erleben. Jeder Tag bringt genügend Sorgen und Kummer, aber das sollte uns und unseren Glauben nicht beeinflussen. In solchen Situationen sind wir vielleicht verunsichert, beängstigt und sogar verzweifelt. Aber wir brauchen keine Angst zu haben, denn Gott verspricht uns, dass er uns segnet, stärkt, behütet und seine Hände stets über uns hält wie ein Schirm, der uns vor Regen schützen soll. In diesem Psalm geht es um Schrecken, also Terror. Die Welt, in der wir heute leben ist eine Welt voller Psychoterror. Für die Kinder dieser Generation ist alles anders als bei uns es in unserer Kindheit war. In meiner Kindheit war noch alles unbeschwert, wir konnten auf der Straße spielen, wir konnten unsere Schulfreunde treffen, wir könnten unsere Großeltern besuchen und den Ferien bei denen verbringen. Heute sind diese Sachen, die für uns normal waren in Deutschland, verboten. Es wird den Menschen per „Gesetz" verboten, Menschen zu sein, so wie sie Gott geschaffen hat. Ein geistiger Krieg gegen die Gottes Schöpfung und Ordnung. Im Jahr 2020 haben wir einen Terror erlebt und erleben ihn immer noch (heute der 01.01.2021) nicht nur körperlich, sondern auch geistig. Also der Schrecken der Zeiten, in denen wir leben, die Pest= Krankheiten, die in den menschlichen Körper unbemerkt schleichen, die Angst vor Krankheiten, die durch Medien verbreitet wird, das ist der Schrecken heute. Menschen haben Angst vor schleichenden Krankheiten, oder Covid 19, der alle anderen Krankheiten seit Jahr 2020 „vernichtet" hat. Seit dem es Covid gibt, gibt es keine andere Krankheit mehr, über die man in den Medien spricht. Viele Menschen fürchten sich vor Covid, andere fürchten sich vor schleichenden Krankheiten, Krankheiten, die im Körper entstehen, sich im Finstern ausbreiten, ohne sie zu bemerken. Und dann gibt es „die Seuche, die am Mittag verderben bringt".

Im Psalm 91 sind also alle Kategorien des Bösen erwähnt, die in die Welt kommen können und die Menschen im Schrecken und Angst versetzen. Das Böse kann „bei Tag und bei Nacht" / „im Finstern und am Mittag" kommen. Also wenn das Böse jederzeit kommen kann, so sind wir auch jederzeit unter dem Schirm Gottes und genießen seinen Schutz. „Der spricht zu dem Herrn: meine Zuversicht und meine Burg, / mein Gott, auf den ich hoffe". Sage jeden Tag zu dem Herrn: Vater, du bist meine Zuflucht. Es gibt so viele Gläubige, die nicht zu dem Herrn sagen: „Du bist meine Zuflucht", sondern sagen: „der Herr gibt mir manchmal Probleme, um mich zu demütigen und manchmal Krankheiten" oder ähnliches. Schauen wir mal noch einmal in dem Kapitel über Hiob, seine erste Reaktion in der Not, oder genauso auch meine erste Reaktion in der Not. Der, der Gott vertraut und in Ihm seine Zuflucht sieht, sagt dagegen: Herr, du bist meine Zuflucht und meine Burg. Zuflucht ist sowas wie ein Ort, an dem man sich verstecken kann und auch sicher fühlen kann, sowas wie ein Bunker im Krieg. Jeder weiß, wie eine Burg gebaut wird, eine Burg ist eine Festung. Der Herr ist also ein Bunker und eine Festung, mein Gott, auf den ich traue. Das ist ein Glaubensbekenntnis. Psalm 91 wird also wirksam, wenn man ihn im Glauben ausspricht. Noch einmal: Jesus sagte der blutflüssigen Frau: **„dein Glaube hat dich geheilt"**. Amen Geschwister, es ist wirklich so. Ich habe es erlebt und ich wünsche es jedem Menschen auf dieser Erde, es zu erleben. Unser Glaube Geschwister, der Glaube an unseren Herrn Jesus Christus und an das Wort Gottes = die Bibel ist unsere Errettung!

Der Name des Herrn, des Allerhöchsten: „Wer unter dem Schirm des Höchsten sitzt"- „sitzt" bedeutet so viel wie sich niederlässt, also **dauerhaft bleibt!!!**, „der bleibt unter dem Schatten des Allmächtigen". Gott wird einmal der Höchste und einmal der Allmächtige genannt. Der Allerhöchste finden wir zum Esten Mal in 1. Mose 14, der Allmächtige wird auch in 1. Mose zum ersten Mal erwähnt, 3 Kapitel weiter- 17. Also zuerst Allerhöchste und dann der Allmächtige. Auch Psalm 91 fängt genauso an wie 1. Mose: zuerst der Allerhöchste und dann der Allmächtige, beide sind Begriffe für Gott.

➤ **1.Mose 14.18-20: Aber Melchisedek, der König des Salems, brachte Brot und Wein herbei. Und er war ein Priester Gottes des Höchsten und segnete ihn und sprach: Gesegnet seist du, Abram, vom höchsten Gott, der Himmel und Erde geschaffen hat; und gelobt sei Gott der Höchste, der deine Feinde in deine Hand gegeben hat. Und Abram gab ihm den Zehnten von allem.**

Salem kommt aus Schalom = Wohlsein. Also der König von Salem, der König vom Wohlsein ist unserer König Jesus. Der König Melchisedek, der König vom Salem brachte Brot und Wein herbei. Brot und Wein war auch das Abendmahl Jesus Christus. Also lange bevor Jesus kam und starb, hat Gott die Wichtigkeit des Abendmahls deutlich gemacht. Melchisedek segnete Abram und sagte „gesegnet seist du, Abram, von höchstem Gott, der Himmel und Erde geschaffen hat". An diese Stelle kann jeder seinen eigenen Namen, oder den Namen ihres Kindes einnehmen und einsetzen, ich habe den Namen von Seppi genommen und einsetzt. Damit er gesegnet wird vom Allerhöchsten, der alles in seiner Hand hat, Himmel und Erde besitzt. „Und gelobt sei der Allerhöchste, der deine Feinde in deine Hand gegeben hat. Und Abram gab ihm den Zehnten von allem."

➤ **1.Mose 17,1: Als nun Abram 99 Jahre alt war, erschien ihm der Herr und sprach zu ihm: ich bin der allmächtige Gott, wandle vor mir und sei fromm.**

Also im 1.Mose 14, 18-20 ist die Zeit beschrieben, in der Abram von einem Kampf zurückkam. Er führte diesen Kampf, um den Sohn seines Bruders zu befreien. Als Abram vom Kampf zurückkam, brachte er alle Habe wieder zurück (also alles, was vorher weggenommen wurde) und Lot, seines Bruders Sohn mit seiner Habe, auch die Frauen und das Volk. Also Abram hat in dem Kampf alles erreicht, er hat alles zurückgebracht, was weggenommen wurde. Seine Mission war zu Ende. Er kam, um sich niederzulassen, um zu ruhen. Er schloss den Bund durch Teilnahme an dem Mahl mit Brot und Wein. Genau so haben wir heute den Bund mit Jesus geschlossen. Am Kreuz starb Jesus für uns, damit wir den neuen Bund mit Gott schließen können und durch diesen Bund zur Ruhe kommen, unter dem Schirm des Allerhöchsten sitzen können, also Zuflucht finden können. Und jetzt schauen wir mal was weiter passiert im 1. Mose 15-16 und 17. Also wir haben festgestellt, dass Abram zurückkam, um zu bleiben, dauerhaft, nicht nur vorübergehend. Und jetzt schauen wir mal, was passiert, wenn jemand unter den Schirm des Allerhöchste sitzt und vorhat, da dauerhaft zu bleiben, also für immer. In der Zeit, wo Abram unter dem Schirm des allerhöchsten saß, hat ihm der Allerhöchste seine Feinde in seine eigene Hand gegeben. Also Abram konnte nicht mehr angegriffen werden. Lesen wir weiter in **1.Mose 15,1-6: Abram bekommt -das Wort des Herrn in einer Offenbarung: Fürchte dich nicht, Abram. Ich bin dein Schild und dein sehr großer Lohn. Da sprach Abram: „Herr, mein Gott, was willst du mir geben? Ich gehe dahin ohne Kinder, und mein Knecht wird mein Haus besitzen. Mir hast du keine Nachkommen gegeben, und siehe einer von meinen Knechten wird mein Erbe sein. Und siehe der Herr sprach zu ihm: Dein Knecht soll nicht dein Erbe sein, sondern der von deinem Leibe kommen wird, der soll dein Erbe sein. Siehe den Himmel und zähle die Sterne. Kannst du sie zählen? Und sprach zu ihm: so zahlreich sollen deine Nachkommen sein." Und jetzt wird die Einstellung vom Abram in seinem Herzen in der Bibel beschrieben: Abram glaubte dem Herrn und das rechnete er ihm zur Gerechtigkeit.**

In 1. Mose 16 lesen wir, dass Abram mit 99 Jahren mehrmals Vater wurde und alles vom Gott bekam, nicht nur unzählige Kinder, wie es ihm Gott versprochen hat, sondern, Land, Reichtum etc., alles.

Im 1.Mose 17,1 wird zum ersten Mal in der Bibel der Allmächtige erwähnt: „Als nun Abram 99 Jahre alt war, erschien ihm der Herr und sprach zu ihm: ich bin der allmächtige Gott, wandle vor mir und sei fromm."

Im 1. Mose 17 hat Gott den ewigen Bund mit Abram geschlossen und seinen Namen von Abram in Abraham geändert. Abram bekommt mit 99 Jahren Kinder, unzählige Kinder, Gott schießt mit ihm den ewigen Bund und macht ihn mit 99 zum Vater vieler Völker und ändert seinen Namen von Abram in Abraham.

Bekomm du im Alter von 99 Jahren Kinder ohne Gott. In diesem Alter, wo man eigentlich nicht mehr normal gehen kann, weil man körperlich nicht mehr der fitteste ist, wird Abraham Vater von Nationen gemacht. Warum hat Gott so lange gewartet, bis Abraham 99 Jahre alt war, bis Abraham biologisch gesehen, nicht mehr in der Lage war, ein Kind zu zeugen. Erst dann kam Gott und sagte: Ich bin der allmächtige Gott. Gott, der Allmächtige Gott wollte uns zeigen, dass was für uns Menschen unmöglich ist, ist für Gott möglich, für ihn ist das nur eine Normalität, für uns ist es Wunder. Er erneuerte Abraham: nicht nur seinen Geist, sondern auch seinen Körper. Abraham blieb nicht so, wie er vorher war, nein durch seinen Glauben hat er Gott erlaubt, ihn zu verändern und Gott hat Abraham verändert. Das ist der Schirm des Höchsten, ein Ort, wo man durch Glauben, gerechtfertigt ist, wo man zur Ruhe kommt, wo man darauf vertraut, dass Jesus sich für einen einsetzt und durch einen wirkt, während man ein Leben der Ruhe führt.
Unter einem Leben in Ruhe meine ich nicht ein Leben ohne Schwierigkeiten, Sorgen und Problemen, sondern ein Leben in

dem Gott die Ordnung herstellt, in dem Gott uns seinen Frieden gibt. Und genau so ist alles im Psalm 91 geregelt, in derselben Reihenfolge: Wer unter dem Schirm des Höchsten (der Höchste auf Hebräisch: Eljon) sitzt, der bleibt unter dem Schatten des Allmächtigen (der Allmächtige auf Hebräisch: Schddai). Ich sage zu dem Herrn (Herr auf Hebräisch: Jahwe): meine Zuflucht und meine Burg, mein Gott, auf den ich traue!

In 1.Mose 1 steht überall Gott, Jahwe= Herr ist in 1. Mose 1, in dem Schöpfungsbericht nicht zu finden. Im 1. Mose 1 steht überall Gott, im Hebräischen ist das Elohim. Elohim ist der Schöpfer. Elohim ist plural, im Singular ist Eloha. Gott= Elohim sprach: „es werde Licht! Und es ward Licht". Elohim sprach: „es lasse die Erde aufgehen Gras und Kraut, das Samen bringe, und fruchtbare Bäume auf Erden, die ein jeder nach seiner Art Früchte tragen, in denen ihr Same ist. Und es geschah so". Und wenn du jetzt die Bibel aufschlägst und nachschaust, wirst du nirgendwo in 1.Mose 1 ein anderes Wort als Gott, also auf Hebräisch Elohim finden. Elohim ist Plural von Eloha. Es geht hier um Gott in Mehrzahl, Gott im Plural. Ein Gott, aber 3 göttliche Personen. Oder anders ausgedrückt: 3 göttliche Personen, die den Allmächtigen Gott bilden. Diese 3 göttliche Personen sind Gott der Vater, Gott der Sohn Jesus Christus und der Heilige Geist. Bitte nicht 3 Götter verstehen, denn Gott ist einer, **der allmächtige Gott ist einer**.

Elohim sprach (s. 1.Mose 1,26): lasset **uns** Menschen machen, ein Bild, das **uns** gleich sei. **Elohim Vater, Sohn, Heiliger Geist = ein Gott = Schöpfer**.
Im 1. Mose 2, nachdem die Menschen geschaffen waren, nachdem die Menschen und die Erde von Gott=Elohim geschaffen worden waren, lesen wir überall: Gott der Herr, also nicht mehr Gott Elohim, sondern Gott der Herr = Jahwe! Im Hebräischen wird Jahwe wie folgt geschrieben: JHWH= JESHUA (JESUS) HANOZRI (Nazareth) WEMELECH (König) HAJEHUDIM

(Juden) = Jesus aus Nazareth, der König der Juden = Jahwe = JHWH. Die Pharisäer wollten Jesus verspotten und ihn demütigen. Deswegen haben sie auf seinem Kreuz schreiben lassen Jesus aus Nazareth, der König der Juden- auf Hebräisch Jeshua Hanozri Wemelech Hajehudim = **JHWH= Jahwe= Gott der Herr.** Als das Schild „JHWH" am Kreuz über den Kopf von Jesus befestigt wurde, haben sich die Pharisäer selbst lächerlich gemacht, denn da stand auf Hebräisch das Wort **JHWH= JESHUA= Gott der Herr!!! Am Kreuz stand: Gott!** Den Pharisäern war es nicht bewusst gewesen, was die ersten Buchstaben als Abkürzung für „Jeshua Hanozri Wemelech Hajehudim" ergeben werden, nämlich JHWH= JESHUA= Gott der Herr!!! Sie sahen das erst am Kreuz. **Am Kreuz stand: Gott!**

Psalm 91, 2 der spricht zu dem Herrn (Jahwe=JHWH), also ich sage zu Jesus, mein Herr, der mich liebt und über mich wacht: Jesus, du bist meine Zuversicht, meine und die meiner Familie. Wir allein können uns nicht im Alltag beschützen. Wenn jemand glaubt, dass er sich und seine Familie stets beschützen kann, der irrt sich leider. Der Einzige, der das kann, ist Gott. Stehe einfach in der Früh auf und übergib die Kontrolle, gib die Kontrolle ab, indem du sagst: Gott mein Herr sei meine Zuversicht und meine Burg. Jesus zwingt uns seinen Schutz nicht auf, er ist für uns am Kreuz gestorben, aber er zwingt uns nichts auf. Er wartet auf unsere Einladung. Er wartet auf Annahme unsererseits.

Eins muss uns bewusst sein, nur Gott ist im Stande uns zur rechten Zeit an dem rechten Ort zu bringen. Egal was wir studiert haben, was wir arbeiten, wie viel Geld wir haben oder vielleicht Immobilienbesitz, nichts davon kann uns im Alltag beschützen, **nichts.** Auch wenn wir keinen Alkohol trinken und nicht betrunken Auto fahren, sind wir nicht abgesichert, dass sich ein anderer besäuft und ins Auto steigt. Unfälle passieren auch dann, wenn wir vorsichtig sind und wir selbst keine Gefahr im Straßenverkehr verursachen. Ihr Lieben, ich habe eine Zeit hinter mir, wo ich jeden Tag zwischen 5 und 7 Stunden im Auto unterwegs war. Ich sage euch allen, jeden Tag bin ich ins Auto eingestiegen und gebetet bevor ich gefahren bin: Gott, mein Herr, mein Retter beschütze mich und alle anderen um mich herum. Lass mich in keinem Unfall verwickelt werden, oder dass ich einen verursache und durch mich, durch mein Tun andere verletzt werden. Es waren Zeiten, wo ich jeden Tag nach München gefahren bin, dann noch in München von einem Termin zu dem anderen gefahren bin, unter Zeitdruck, ständigen Stau in der Stadt und Stress. Es gab sehr oft Tage, an denen ich über eine Stunde gebraucht habe aus München rauszukommen. Stau, Müdigkeit, Stress usw. haben mich oft kaputt gemacht. Ich bin im Auto mit einer Geschwindigkeit von über 120 Km/h eingeschlafen, so erschöpft war ich in dem Moment. Konnte ich mich oder andere schützen in diesem Moment. Die Antwort ist „NEIN" und das weiß jeder. Gott sei Dank ist nichts passiert, aber an diesem Tag habe ich erkannt, dass ich meine und die Sicherheit von anderen nicht im Griff habe. Heute wenn ich zu einem Termin fahre und ich Seppi zuhause lasse, bete ich für ihn, bevor ich gehe, dass Jesus über ihn wacht, ihn beschützt. Ich habe Seppi, du hast vielleicht ein Kind, das du jeden Tag in die Kita oder in die Schule schickst. Kannst du während deiner Arbeit dein Kind beschützen, viele dürfen am Arbeitsplatz nicht mal ihr Handy benutzen. Sei ehrlich zu dir, ich will niemanden Angst einjagen, nein ich will dich nur zum Nachdenken bringen.

Die Botschaft von Gott an Dich durch Psalm 91 ist: Erstens setze dich unter meinen Schirm, um dauerhaft zu ruhen, zu bleiben und nimm dann alles, was ich dir verspreche im Glauben, also glaub mit deinem ganzen Herzen an das, was ich dir sage. Noch stärker können wir 1. Mose 14-17 i. V. m. 1. Mose 1,1 und Psalm 91 wie folgt interpretieren. **Nimm Jesus an, damit du unter den Schirm des Höchsten kommst, also mach den Schritt zu Jesus, bleibe bei ihm dauerhaft, damit du zum Vater kommst und mit ihm einen neuen Bund durch Jesus schließt.** Und hier an dieser Stelle wird Gott allmächtig genannt. Und wenn du den Bunt mit

Gott Vater durch Gottes Sohn Jesus geschlossen hast, geniest du den Schutz von **Gott Elohim, der Allmächtige: Vater, Sohn und der Heilige Geist.** Und dann passiert das, was im Psalm 91,7 beschrieben ist: „wenn auch tausend fallen zu deiner Seite und zehntausend zu deiner Rechten, so wird es doch dich nicht treffen." Also Jesus sitzt zur rechten des Höchsten und wir sitzen auch da mit ihm zusammen. Das bestätigt uns Paulus in *Epheser 2, 4-6: aber Gott, der reich ist an Barmherzigkeit, hat in seiner großen Liebe, mit der er uns geliebt hat, auch uns, die wir tot waren in den Sünden, mit Christus lebendig gemacht- aus Gnade seid ihr selig geworden-; und er hat uns mit auferweckt und mit eingesetzt im Himmel in Christus Jesus, damit er in den kommenden Zeiten erzeige den überschwänglichen Reichtum seiner Gnade durch seine Güte gegen uns in Christus Jesus.*

Also wir sitzen mit Jesus zur rechten des Höchsten, wir dürfen ruhen, also setzen wir uns einfach hin. Wir sind durch Jesu Blut errettet, wir sollen uns nicht ständig überanstrengen, wir müssen uns Gottesgunst nicht erarbeiten, wir genießen sie jeden Tag, ohne unsere Werke und menschliche Beweise erbringen zu müssen. **Wir sind durch Gnade und nicht durch unsere Werke errettet!** In jeder Krise wird der Teufel die Gelegenheit nicht verpassen, um uns zu fragen: „Na und was machst du jetzt? und uns mit dieser Frage verunsichern. Die Antwort lautet einfach: Nichts, ich setze mich hin und bleibe ruhig, es ist schon getan, durch Jesus Christus am Kreuz ist alles vollbracht. Amen! Wenn wir versuchen die Krisen in unserem Leben allein zu lösen, stehen wir Gott nur noch im Wege und verzögern seine Lösung. Denn wenn wir uns nicht hinsetzen und nicht ruhig bleiben, hören wir Gott nicht, wir übersehen und überhören ihn, weil wir unruhig sind, weil wir hektisch sind, weil wir in Panik geraten usw. Durch Gnade und allein durch Gnade kommt unsere Rettung: **Epheser 2,8-9:** *Denn aus Gnade seid ihr selig geworden durch Glauben, und das nicht aus euch: Gottes Gabe ist es, nicht aus Werken, damit sich nicht jemand rühme.* Durch Gnade kommen wir zum Segen und Gott segnet uns nicht nur, sondern er trägt uns auf den Händen. Wie trägt er uns noch einmal? Wie seine Braut! Und was sind wir für ihn noch einmal? Heilig! Egal was in der Welt passiert, wo Satan der Fürst ist und nur noch Zerstörung verursacht, du hast keinen Grund, dich zu fürchten, wenn du im Schatten des Allmächtigen bleibst. Bleib beständig in deinem Glauben, dein Glaube ist der Fels.

8. Mach deine Augen und Ohren für Gott auf und schütze sie vor dem Falschem, die Bibel lehrt uns wachsam und nüchtern zu sein

Es spielt eine große Rolle, was wir hören und sehen, wofür verwendest du deine Energie, womit beschäftigst du deinen Geist, welchen Menschen schenkst du deine Aufmerksamkeit und Vertrauen? Das sind Punkte, an die wir selbst jeden Tag arbeiten sollen.

Jesus sagt uns, dass wir unsere Augen und Ohren schützen und stets wachsam sein sollen. Das Wort Gottes ist unserer Schütz. Wenn wir das Wort Gottes kennen, sind unsere Augen und Ohren automatisch geschützt, weil wir die Wahrheit von den Lügen unterscheiden können.

Viele sagen an diese Stelle: „ja, aber ich bin nicht so bibelfest wie du". Meine Antwort ist: mach nichts, ich war bis vor ca. einem Jahr auch nicht bibelfest. Das Verständnis kommt mit der Begierde nach der Wahrheit, wenn wir nach der Wahrheit streben und anfangen die Bibel zu studieren, wenn wir vom Herzen Gott kennenlernen wollen, dann offenbart uns der Heilige Geist auch das Wort Gottes.

Römer 10,17: So kommt der Glaube aus der Predigt, das Predigen aber aus dem Wort Gottes.

Es ist wichtig, die Bibel zu lesen, um die falschen Prediger von den richtigen zu unterscheiden. Eine richtige Predigt basiert auf die Bibel, sie gibt Kraft, Hoffnung und Mut. Wir sollen unsere Augen und Ohren für die Wahrheit aufmachen, anstatt sie zu verdrängen, weil es bequemer ist.

Johannes 10,24-30: Da umringen ihn die Juden und sprachen zu ihm: Wie lange hältst du uns im Ungewissen? Bist du der Christus, so sage es frei heraus. Jesus antwortete Ihnen: Ich habe es euch gesagt, und ihr glaubt nicht. Die Werke, die ich tue *in meines Vaters Namen, die zeugen von mir. Aber ihr glaubt nicht, denn ihr seid nicht von meinen Schafen. <u>Meine Schafe hören meine Stimme, und ich kenne sie, und sie folgen mir; und ich gebe ihnen das ewige Leben, und sie werden nimmermehr umkommen, und niemand wird sie aus meiner Hand reißen.</u> Mein Vater, der mir sie gegeben hat, ist größer als alles, und niemand kann sie aus des Vaters Hand reißen. <u>Ich und der Vater sind eins.</u>*

Genau so klar wie damals, als Jesus physisch sichtbar unter den Menschen war, redet er mit uns auch heute. Denn wir dürfen uns nicht täuschen lassen. Dass wir Jesus nicht physisch sehen, bedeutet nicht, dass er nicht bei uns ist und unter uns ist. Wir haben in Jesus einen lebendigen Gott, der uns begleitet, jeden Tag, jede Minute und jede Sekunde. Die Juden haben damals das Privileg gehabt, Jesus zu sehen und zu hören und sogar ihn zu berühren. Also, Gott sprach mit ihnen direkt und sie konnten ihn sehen, aber trotzdem haben sie ihm nicht geglaubt. Sie haben seine Werke gesehen, aber ihm trotzdem nicht geglaubt.

Auch heute spricht Gott genau so klar mit uns und tut seine Werke genau so wie damals, obwohl er nicht physisch sichtbar hier unter uns ist. Er spricht mit uns durch die Bibel, durch Pastoren und ihre Predigte, durch einfache Menschen, die wir begegnen, durch Tiere, durch Situationen, die schlecht oder gut sein können, durch seine übernatürlichen Werke wie Heilungen und Befreiungen sowie krasse Wunder, die von Menschen nicht erklärt werden können. Warum meinst du, hälst du jetzt gerade dieses Buch in der Hand, warum kennst du mich oder andere Menschen, die dir von Gott erzählen. Genau so wie damals spricht Gott mit uns, aber wir sind nicht immer bereit unsere Ohren aufzumachen und zuzuhören. Genau so sehen wir auch heute die Werke von Gott in Heilungen, in unerklärbaren Sachen und Situationen, in der Natur und vieles anderes um uns herum, aber wir sind nicht immer bereit die Augen aufzumachen, um zu sehen. Öffne dein Herz, sehe und höre mit deinem Herzen. Denn

Gott ändert sich nicht – *Offenbarung 1,8: Ich bin das Alpha und das Omega, spricht Gott der Herr, der <u>da ist</u> und <u>der da war</u> und <u>der da kommt</u>, der allmächtige.* Gott ist ewig. Auch in dem Alten Testament spricht Gott von seiner Beständigkeit, Unveränderbarkeit, von seiner Ewigkeit- *Jesaja 41,4: „Wer tut und macht das? Wer ruft die Geschlechter von Anfang her? Ich bin es, der Herr, der Erste, und bei den Letzten noch derselbe.*

Offenbarung 22,13: Ich bin das A und das O, der Erste und der Letzte, der Anfang und das Ende. Wir sehen es, dass Gott sich im Laufe der Zeit nicht verändert hat. Er war gestern und heute ist er derselbe, er ist auch morgen derselbe. Gott hat sich nicht geändert und er wird sich nicht ändern. Wir sind diejenige, die sich ändern sollen. Wenn wir anfangen, Gott zu sehen und zu hören in unseren Herzen sowie ihm zu vertrauen, werden wir uns auch dementsprechend ändern und diese Änderung wird es uns nicht weh tun. Denn derjenige, der die Liebe und die Gnade Gottes einmal erlebt und erkannt hat, kann ohne Gott nicht mehr leben. Er erlaubt Gott, ihn zu verändern, damit er mehr von Gott erfahren kann. Heute ist der 30.12.2020 und während ich mein Buch schrieb, hat mir eine Freundin die Reaktion eines gläubigen Mannes auf ein Video weitergeleitet. In dem Video ging es um die Masken und um den Zwang durch die Regierungen auf der ganzen Welt, den sie momentan auf die Menschen ausüben. In diesem Video ging es darum, dass der Teufel durch die Maske, die Menschen verändert, das Verhalten der Menschen verändert, dass die Menschen durch diese Maßnahmen vom Gott bewusst und beabsichtigt entfernt werden. Es ging um okkulte Rituale von Satanisten, die diese „harmlose" Maske als Waffe gegen Gott benutzen wollen. Meine Freundin hat dieses Video an diesen Mann weitergeleitet. Seine Antwort lautete wortwörtlich unverändert wie folgt: „Danke für deine Mühe und Zusendung. Sicherlich ist was dran, aber ich möchte mich nicht von dem Thema vereinnahmen lassen. Ich will Gott vertrauen. Masken können okkult sein, diese tragen aber zur Eindämmung der Epidemie bei. Jesus würde heute auch zu Erkrankten gehen, vielleicht auch mit Maske. Gut er hat damals keine benutzt, hat aber auch kein Auto gefahren oder Handy benutzt. Ich möchte mich von dem Thema nicht vereinnahmen lassen. Ich brauche deswegen diese Info dazu nicht."

Zu der Antwort dieses Mannes kann ich nur noch einmal alles, was ich oben geschrieben habe, wiederholen. Hier an diese Stelle kann ich nur sagen: Lieber Bruder, du hast erfolgreich deine Augen und deine Ohren bewusst zugemacht, um Gott nicht zu hören und nicht zu sehen. Dieser Bruder ist in einer Gemeinde sogar in einer leitenden Position. Und hier an diese Stelle will ich nur sagen: Liebe Geschwister, Gott verändert sich nicht. Jesus war und ist derselbe und genau so kommt er wieder. Er hat und wird nie eine Maske tragen, wenn er wiederkommt.

Ich wusste nicht, wie ich reagieren soll, ob ich lachen oder weinen soll. Ich habe mir nur gedacht: „Man, ist das dein Ernst?" Aber wie ich die Menschen im Jahr 2020 erlebt habe, kann ich sogar sagen, ja das ist sein Ernst und nicht nur sein, sondern von vielen anderen. Gott sprach das ganze Jahr 2020 mit uns allen so klar wie nie zuvor. Er hat Sachen aus dem Verborgenen offenbart, Lügen entpuppt und dann kommt so eine Antwort seitens der Menschen. Die Bibel warnt uns und sagt, dass wir in den letzten Tagen besonders wachsam sein sollen. Wachsamkeit bedeutet meine lieben Geschwister nicht, einfach Augen und Ohren zu machen, damit man sich aus der Verantwortung entzieht und ruhig den breiten, bequemen Weg geht.

Ich habe es mir in diesem Moment bildlich vorgestellt, wie Jesus zurückkommt wie es in der Bibel steht, um seine Schafe zu holen und ihm die Schafe entgegenkommen, die nie zu seinem Stall gehörten, aber sich zu seinem Stall hielten und anfangen ihm zu erzählen, wie die Welt funktioniert. Dass man 2000 Jahren nach seiner Auferstehung eine Maske tragen muss und sich vielleicht auch impfen lassen muss, damit er uns nicht gefährdet. Ich kann nur noch mit dem Kopf schütteln und sagen: Leute, Gott ändert sich nicht, er schuf diese Welt, er hat alles für uns gemacht und vorbereitet. Noch einmal *Offenbarung 22,13: Ich bin das Alpha und das Omega, der Erste und der Letzte, der Anfang und das Ende.* Die Menschen kommen zu Gott in einer belehrenden Haltung und erwarten von ihm, dass er sich ändert, damit es denen passt. Ich kann aber an dieser Stelle nur *Römer 1,22* zitieren: *„da sie sich für Weise hielten, sind sie zu Narren geworden."* Sollte ich jemandem zu direkt erscheinen oder unhöflich, lautet meine Antwort: Gott verlangt, dass wir auf ihn mehr hören und nicht auf die Menschen. Wem willst du gefallen, Gott oder den Menschen? Ich persönlich will Gott gefallen und deswegen höre und sehe ihn. Hast du dir diese Frage auch schon mal gestellt? Wem willst du gefallen, den Menschen, die vorübergehend um dich herum sind, oder Gott, deinem Schöpfer und Erretter? Jesus sagt *„Höre meine Stimme"* Schütze deine Augen und deine Ohren, bleib still und höre auf Jesus. Er redet jeden Tag mit uns, aber wir hören ihn oft nicht, weil wir selbst zu laut sind. Schaue auf zu dem Herrn, er hat gute Pläne für dich. Wir brauchen Gott nicht belehren, er ist ewig, er ist allmächtig. Die Denkweise und die Philosophie der Menschen sollen generalüberholt werden. *Nicht Gott braucht uns, sondern wir brauchen ihn.* Gott braucht uns nicht, er liebt uns und will uns erretten, Gott weint um jede verlorene Seele, deswegen ist seine Gnade so groß, nicht weil wir Menschen vor lauter Weisheit platzen.

Benutze deine Gaben und Talente, um für andere eine Stütze zu sein. Gott segnet uns, damit wir ein Segen für andere sein können. *Im Buch Jesaja 58,7* steht geschrieben *„Brich dem Hungrigen dein Brot, und die im elend ohne Obdach sind, führe ins Haus! Wenn du einen nackt siehst, so kleide ihn und entzieh dich nicht deinem Fleisch und Blut."*

Matthäus 28,19-20: Darum gehet hin und machet zu Jüngern alle Völker: Taufet sie auf den Namen des Vaters und des

Sohnes und des Heiligen Geistes und lehret sie halten alles, was ich euch befohlen habe. Und siehe, ich bin bei euch alle Tage bis an der Welt Ende.

Wenn wir unsere Haltung Gott gegenüber ändern, unseren Stolz abgeben und demütig ihm gegenüber werden, wenn wir damit anfangen, wie Jesus zu sein, dann werden erstaunlich alle unsere Gebete erhört. In diesem Moment erlauben wir Gott, an uns zu arbeiten, uns zu korrigieren und uns zu helfen. Gott erwartet von uns nicht, dass wir uns der Welt anpassen und wir alle gleichlaufen. Nein, Gott erwartet von jedem einzelnen, etwas Besonderes zu sein. Gott hat uns, jeden einzelnen von uns als was Besonderes geschaffen. Hast du mal daran gedacht, dass jeder Mensch eine andere DNA hat. Hast du daran gedacht, dass du in der ganzen Schöpfung mit niemandem auf dieser Erde vergleichbar bist. Ist dir das bewusst, dass dich Gott als ein Unikat geschaffen hat und nicht als Marionette der Gesellschaft. Denke daran, jeden Tag, wenn du aufstehst, frag Gott, was er heute für dich vorhat. Aber du musst auch hören, das Leben mit Gott ist nicht immer leicht und bequem, aber dafür sinnvoll und erfüllend. Ich habe die letzte Zeit aus gegebenem Anlass immer wieder Gott gefragt: „Vater, bin ich zu verrückt, soll ich ruhiger werden, mich zurückziehen und leiser werden? Da hat er mir geantwortet: nein mein Kind, deine DNA stimmt so, es gibt genug auf diese Erde, die mich langweilen. Seitdem lebe ich frei und unbeschwert! Diese freie und unbeschwerte Haltung wünsche ich dir auch von ganzen Herzen. Denn vergiss bitte eins nicht, wir sind Gottes Unikate und nicht Marionetten der Gesellschaft und Ihrer Erwartungen. In der Not ist Gott bei Dir und nicht die Gesellschaft, er kümmert sich um deine Sorgen, während du schläfst. Er und nicht die Gesellschaft, die weder dich noch deine Sorgen kennt oder an ihre Lösung interessiert ist.

Stärke deinen Glauben und sei wachsam!

Matthäus 25, 1-13: Dann wird das Himmelreich zehn Jungfrauen gleichen, die ihre Lampen nahmen und gingen hinaus dem Bräutigam entgegen. Aber fünf von Ihnen waren töricht, und fünf waren klug. Die törichten nahmen ihre Lampen, aber sie nahmen kein Öl mit. Die Klugen aber nahmen Öl in ihren Gefäßen, samt ihren Lampen. Als nun der Bräutigam lange ausblieb, wurden sie alle schläfrig und schliefen ein. Um Mitternacht aber erhob sich lautes Rufen: Siehe, der Bräutigam kommt! Geht hinaus, ihm entgegen. Da standen diese Jungfrauen alle auf und machten ihre Lampen fertig. Die törichten aber sprachen zu den klugen: gebt uns von eurem Öl, denn unseren Lampen verlöschen. Da antworteten die klugen und sprachen: Nein, sonst würde es für uns und euch nicht genug sein. Geht aber zum Kaufmann und kauft für euch selbst. Und als sie hingingen zu kaufen, kam der Bräutigam; und die bereit waren, gingen ihm hinein zur Hochzeit, und die Tür wurde verschlossen. Später kamen auch die anderen Jungfrauen und sprachen: Herr, Herr tu uns auf! Er antwortete aber und sprach: Wahrlich ich sage euch: Ich kenne euch nicht. Darum wachet! Denn ihr wisst weder Tag noch Stunde.

Ich persönlich konnte jahrelang diese Bibelstelle nicht verstehen. Erst vor ein paar Monaten, am Anfang der sog. „Pandemie im Jahr 2020", habe ich die Offenbarung zum ersten Mal gelesen und erst dann habe ich auch diese Stelle verstanden. Wer ist der Bräutigam? Wer ist die Braut? Von welcher Hochzeit ist hier die Rede?

An dieser Stelle warnt uns Jesus, dass wir achtsam sein sollen, dass wir vorbereitet sein sollen, vorbereitet für seine Wiederkunft.

Jesus versprach seinen Jüngern und somit uns auch, dass er wiederkommen wird. Die Bibel sagt in *Johannes 14, 1-3: Euer Herz erschrecke nicht! Glaubt an Gott und glaubt an mich! In meines Vaters Hause sind viele Wohnungen. Wenn es nicht so wäre, hätte ich dann zu euch gesagt: Ich gehe hin, euch die Stätte zu bereiten? Und wenn ich hingehe, euch die Stätte zu bereiten, will ich wiederkommen und euch zu mir nehmen, damit ihr seid, wo ich bin.*

Denken wir kurz an eine normale Hochzeit. Der normale Ablauf ist, dass der Bräutigam zum Haus der Braut geht und sie abholt. Genau so wird Jesus zurückkommen als Bräutigam, um seine Braut zu holen, um mit Ihr die Zukunft zu verbringen. Der Unterschied liegt nur daran, dass die Zukunft mit Jesus unbegrenzt ist, ewig ist. Die Braut ist in der Offenbarung sehr gut beschrieben.

Offenbarung 19,6-9: Halleluja! Denn der Herr, unser Gott, der allmächtige, hat das Reich eingenommen! Lasst uns freuen und fröhlich sein und ihm die Ehre geben; denn die Hochzeit des Lammes ist gekommen, und seine Braut hat sich bereitet. Und es wurde ihr gegeben, sich anzutun mit schönem reichem Leinen. Das Leinen aber ist die Gerechtigkeit der Heiligen. Und er sprach: Selig sind, die zum Hochzeitsmahl des Lammes berufen sind. Und er sprach zu mir: Dies sind wahrhaftige Worte Gottes.

Also als erstes lesen wir, dass die Braut vorbereitet ist, sie wartet schon. Diese Braut wird in einem sehr schönen und teuren Kleid angezogen. Das Kleid ist aus Leinen. Das Leinen ist aber die Gerechtigkeit der Heiligen. Auf einmal spricht hier die Bibel in Plural und gleichzeitig im Singular. Eine Gerechtigkeit von mehreren Personen, die als eine Person anzusehen sind, nämlich die Braut Jesu Christi. Die Bibel spricht von der Gemeinde Jesu, von den Menschen, die an Jesus Glauben, ihn in Ihren Herzen tragen, die Werke tun, die er getan hat und auf ihn warten, ihn sehnsüchtig erwarten. Die Gemeinde der Gläubige, die Gemeinde der heutigen Jünger, die in der Gerechtigkeit Christi leben. Gott nennt die Gemeinde der Nachfolger Jesu heilig, Gott hält jeden einzelnen von dieser Gemeinde für heilig.

Im Hebräischen wird das Wort „qadosch" für heilig verwendet, das sich vermutlich von einer Wurzel ableitet und abgesondert das Gegenteil von allem Weltlichen, Alltäglichen meint.

Also Gott beschreibt die Gläubigen mit dem Wort „heilig", er behandelt sie als was ganz Besonderes, als etwas, das nicht mit dieser Welt zu vergleichen ist. Gott hebt die Gemeinde der Gläubigen von der Masse ab. Am Hochzeitstag steht die Braut an erster Stelle und wird nicht übersehen, ganz im Gegenteil, am Hochzeitstag wird die Braut geehrt, auf Händen getragen über die Schwelle der zukünftigen, gemeinsamen Wohnung, weil sie sich an diesem Tag von der Masse sichtbar abhebt. Genauso werden wir von Jesus am Tag seiner Wiederkunft getragen, als seine Braut, sein Heiligtum, mit dem er nicht nur eine gewisse Zeit in der Zukunft verbringen wird, sondern die Ewigkeit.

Im Gleichnis oben *„Dann wird das Himmelreich zehn Jungfrauen gleichen, die ihre Lampen nahmen und gingen hinaus dem Bräutigam entgegen. Aber fünf von Ihnen waren töricht, und fünf waren klug. Die törichten nahmen ihre Lampen, aber sie nahmen kein Öl mit. Die klugen aber nahmen Öl in ihren Gefäßen, samt ihren Lampen."* Sehen wir, dass die klugen Jungfrauen das mitgenommen haben, was denen angeboten wurde, nämlich das schöne, teure Leinenkleid, sie waren mit der Gerechtigkeit der Heiligen angezogen- Ihr Glaube war fest und beständig, sie kannten schon Jesus. Wenn wir die törichten Jungfrauen betrachten, stellen wir fest, dass sie aus irgendeinem Grund auch mitgelaufen sind mit den klugen Jungfrauen, aber sie waren nicht vorbereitet für den Bräutigam. Denn als er kam, waren Ihre Lampen fast leer. Körperlich waren sie dabei, aber im inneren waren sie leer, sie hatten ihren Glauben nicht und waren genauso wenig einsatzbereit wie ihre Lampen ohne Öl. Sie waren nicht vorbereitet für die Hochzeit. Sie hatten keine Chance an der Hochzeit als Braut teilzunehmen, weil sie das Brautkleid aus dem schönen, teuren Leinen = die Gerechtigkeit der Heiligen nicht anhatten.

An diese Stelle sollte man auch den Ablauf der jüdischen Hochzeit früher erwähnen. Damals bestand der Hochzeitsritual aus Verlobung (Kiddushin) und der eigentlichen Heirat (Nissu'in). Die Eltern suchten den Ehepartner Ihrer Kinder aus. Nachdem die Eltern sich geeinigt haben, haben sich die Kinder in vielen Fällen zum ersten Mal gesehen. Wenn auch die Kinder mit der geplanten Hochzeit einverstanden waren, wurde die Verlobung organisiert. Die Verlobung galt als Verpflichtung für die Beiden, ihre Heiratszusage einzuhalten und galten schon mit der Verlobung als verheiratet. Wenn die Verlobung stattgefunden hat und der Ehevertrag (Ketubah) verlesen worden war, in dem u.a. enthalten ist, welche Pflichten der Mann gegenüber der Frau hat, trinken die Brautleute Wein aus einem Kelch. Der eine Kelch symbolisiert den gemeinsamen Ehebund, den beide eingegangen sind. Danach blieb die Braut bei ihren Eltern zuhause und wartete auf ihren Bräutigam, solange bis er zurückkommt und sie zu sich nimmt. Also die Braut blieb bei ihren Eltern, der Bräutigam ging zurück zu seinen Eltern. Früher war es so, dass der Bräutigam erst nach der Verlobung angefangen hat, das Haus bzw. die Wohnung vorzubereiten, wo das Ehepaar zusammenleben sollte. Heute ist es anders, heute heiraten Männer ohne Eigentum an einer Immobilie zu haben. Früher war das aber nicht so, ganz im Gegenteil: der Mann müsste vorher das Haus, die Wohnung für die Braut und für sich vorbereiten, also vor der Hochzeit bauen und fertig stellen. In den meisten Fällen hat der Sohn noch eins oder zwei Zimmer an dem Elternhaus angebaut, wo er mit seiner Frau getrennt von seinen Eltern leben konnte. Je nach finanziellen Möglichkeiten und anderen Gegebenheiten dauerte die Vorbereitung der künftigen Ehewohnung monatelang in manchen Fällen sogar über ein Jahr. In dieser Zeit hatte die Braut keinen Kontakt mit dem Bräutigam. Die zwei haben nicht täglich wie heute telefoniert oder sich per Onlinekonferenz gesehen. Ganz im Gegenteil, keiner wusste, was der andere macht, alles basierte auf ein Versprechen und auf das gegenseitige Vertrauen, dass jeder von denen sein Versprechen einhalten wird. Also die Braut wusste nicht, wann ihr Bräutigam mit der Vorbereitung der Ehewohnung fertig ist. Dementsprechend hatte sie auch keine Ahnung, wann ihr Bräutigam zurückkommt, um sie abzuholen. Sie müsste also monatelang stets vorbereitet sein, denn er konnte rein theoretisch auch am nächsten Tag schon bei ihr vor der Tür stehen, um sie zu sich zu holen. Und jetzt verglichen wir das mit dem Gleichnis oben:

Erinnert ihr euch an dem Abendmahl bevor Jesus verhaftet wurde, um gekreuzigt zu werden? Ebenso nahm Jesus nach dem Mahl den Kelch und sagte: „Dieser Kelch ist der neue Bund in meinem Blut, das für euch vergossen wird." (Lukas 22,20) Dieser Kelch war der Kelch des neuen Bundes, teilweise mit einem Ehebund und dem Ehevertrag damals vergleichbar, und die Abendmahlsfeier könnte so ähnlich gedeutet werden, wie eine Verlobung zwischen Jesus und seiner Braut = (seine Jünger damals und seine Jünger heute sind die Braut). Nach diesem ersten Teil der Hochzeitszeremonie ging Jesus zum Vater, um die Wohnung für seine Braut zu bereiten.

Wann die Hochzeit im alten Israel stattfinden würde, entschied der Vater des Bräutigams und nicht der Bräutigam selbst. Es musste zuerst alles für die Hochzeit und das Leben danach vorbereitet werden, bevor der Bräutigam seine Braut zu sich holen konnte. Dies ist auch der Hintergrund folgender Bibelstelle: in **Matthäus 24, 36** sprach Jesus folgendes über seine Wiederkunft: *„Von dem Tage aber und von der Stunde weiß niemand, auch die Engel im Himmel nicht, auch der Sohn nicht, sondern allein der Vater."* Also genau so wie damals im alten Israel wird allein der Vater entscheiden, wann genau unser Bräutigam Jesus Christus uns (alle, die an ihn glauben und ihn erwarten) abholt.

Im alten Israel holte der Bräutigam seine Braut normalerweise um die Mitternachtsstunde zu sich: Dann erklangen Schofar-

Hörner und eine Schar von Menschen mit Fackeln waren auf der Straße geradewegs zum Haus der Braut. Die Braut hat dann nur noch wenig Zeit gehabt, um sich vorzubereiten. Wir lesen z.b. im Gleichnis von den zehn Jungfrauen etwas über diesen Brauch, *Matthäus 25,6: Mitten in der Nacht aber hörte man plötzlich laute Rufe: Der Bräutigam kommt! Geht ihm entgegen!* Dieses Bild der Rückkehr des Bräutigams hat Paulus wohl im Blick gehabt, als er folgende Worte an die Gemeinde in Thessaloniki geschrieben hat, um die Gläubigen dort zu trösten:

1 Thessalonicher 4,16-17: *Denn der Herr selbst wird vom Himmel herabkommen, wenn der Befehl ergeht, der Erzengel ruft und die Posaune Gottes erschallt. (…) Dann werden wir immer beim Herrn sein.*

Hier beschreibt Paulus die Wiederkunft Jesu wie ein plötzliches Kommen, ähnlich dem eines Bräutigams damals im alten Israel.

Erkennst du die Parallelen zwischen der jüdischen Hochzeit damals und der Hochzeit des Lammes, Jesus Christus? Bist du bereit, hat deine Lampe ausreichend Öl? Hast du schon das Brautkleid aus dem schönen, teuren Leinen an? Befindest du dich unter denen, die zur Hochzeitsmahl des Lammes, Jesus Christus berufen sind? Sei ehrlich zu Dir selbst, stelle dir selbst Fragen und beantworte diese Fragen für dich selbst und wenn du manche Antworten nicht hast, so hat diese Antworten Gott für dich in der Bibel. Wenn du jetzt schon an dieser Stelle die Bibel mit anderen Augen als vorhersiehst, erlebst du gerade den ersten Durchbruch in deinem Leben. Denn wer suchet, der findet. Und wenn du bereit bist zu hinterfragen, werden dir die Augen für die Wahrheit aufgetan. Verlobe dich mit Jesus und warte fröhlich auf die Hochzeit! Möge dich der Herr beschützen und behüten sowie dir die Weisheit geben, die wir alle brauchen.

Offenbarung 19,6-9: Halleluja! Denn der Herr, unser Gott, der allmächtige, hat das Reich eingenommen! Lasst uns freuen und fröhlich sein und ihm die Ehre geben; denn die Hochzeit des

Lammes ist gekommen, und seine Braut hat sich bereitet. Und es wurde ihr gegeben, sich anzutun mit schönem reichem Leinen. Das Leinen aber ist die Gerechtigkeit der Heiligen. Und er sprach zu mir: Schreibe: Selig sind, die zum Hochzeitsmahl des Lammes berufen sind. Und er sprach zu mir: Dies sind wahrhaftige Worte Gottes.

Ich möchte kurz noch einmal zu dieser Bibelstelle kommen, und genau zu dem Begriff „heilig. Wie schon erwähnt, wird das Wort „qadosch" im Hebräischen für heilig verwendet, das sich vermutlich von einer Wurzel ableitet und abgesondert das Gegenteil von allem Weltlichen, Alltäglichen meint.

Also Gott beschreibt die Gläubigen mit dem Wort „heilig", er behandelt sie als was ganz Besonderes, als etwas, das nicht mit dieser Welt vergleichbar ist. Gott hebt die Gemeinde Jesu von der Masse in der Welt ab. Wenn Gott als der Heilige bezeichnet wird, dann soll dem Menschen normalerweise damit gezeigt werden, dass Gott ganz anders ist, sich mit nichts auf dieser Welt vergleichen lässt, geschweige mit uns Menschen. Wir Menschen können über ihn nicht verfügen. Stattdessen ist Gott abgesondert, abgetrennt von unserem menschlichen Sein – als ob er auf der anderen Seite des Zaunes stünde. Deswegen fällt es uns auch so schwer zu begreifen, was die Bibel genau meint, wenn sie von Heiligkeit spricht. Doch, obwohl Gottes Heiligkeit für uns Menschen nicht begreifbar ist, zeigt sie sich immer wieder da, wo Gott und Mensch sich begegnen. Besonders das Alte Testament ist voller Geschichten, die uns erahnen lassen, wer dieser heilige Gott ist – und was seine Heiligkeit mit uns Menschen macht. Allein diese Absonderung Gottes im Alten Testament und seine Gnade und das in der Offenbarung uns zugesprochen Priorität „heilig" sein zu dürfen, zeigt uns noch einmal, dass alles in Christus möglich ist. Was im Alten Testament für die Menschen unmöglich war, nämlich Gott zu begegnen, ihn in der Realität zu sehen, wird durch Christus in dem neuen Testament möglich. Es liegt in unserer Hand, ob wir dieses Privileg annehmen, das Kleid der Gerechtigkeit Jesu anziehen und nicht den weltlichen Titel „Prof. Dr.", sondern den geistlichen Titel „heilig" annehmen. Gott hat für uns durch seinen eingeborenen Sohn das unmögliche, möglich gemacht. Und das liebe Freunde ist Gnade, die wir weder kaufen noch uns erarbeiten können, Gnade, die wir nicht verdienen, aber unverdient bekommen. Das ist Gott, der auf dich schaut, dich behütet und geduldig auf dich wartet. Er wartet auf dich, weil er will, dass du die Entscheidung mit ihm zu gehen, selbst triffst. Er wird dich nie zwingen, mit ihm zu gehen. Wenn ich von Jesus in der Bibel lese, fühle ich mich immer so klein, so sündig so unwürdig für die Gnade Gottes und dann lese ich *Offenbarung 19,6-9* und sage mir: *hey, Jesus sagt, dass du für ihn heilig bist, ja es stimmt du bist ein Sünder, aber wir dürfen eins nicht vergessen: Gott hasst zwar die Sünde, aber er liebt den Sünder.* Also egal wie ich das betrachte, komme ich immer wieder zu der gleichen Schlussfolgerung: *Gott liebt uns, wir sind für ihn heilig.* Stell dir das mal vor, Gott erhebt uns hoch und sagt: ihr seid mein Ebenbild, ihr seid Teil von meiner Heiligkeit und ihr werdet mit mir ewig leben. Ja Gott teilt mit uns sein Gottes Reich, nicht nur auf Erden, sondern auch im Himmel. Er will mit uns zusammen, mit mir und mit dir regieren. Ich und du, es mag sein, dass wir unterschiedlich sind in dieser Welt, die Menschen wurden im Laufe der Zeit gespalten. Die Spaltung erfolgt meistens durch die unterschiedlichen Gesellschaftsschichten auf der Welt. Die Welt beurteilt und trennt nach Geld, Glanz, Beruf, Immobilienbesitz, Studium, Beziehungen, Rhetorik und vielen anderen, weltlichen Kriterien. Die Kriterien der Welt sind sehr viel und sehr unterschiedlich. *Gott dagegen hat nur ein Kriterium: Bist du sein Kind? Wenn du Gottes Kind bist, so bist du heilig.* Bist du dagegen kein Gottes Kind, gehst du lieber deine eigenen Wege ohne Rücksicht auf Gott, so wird er auch keine Rücksicht auf dich nehmen, wenn die Tage auf der Erde um sind. Gott ist gerecht und „gestern war er, heute ist und morgen wird er derselbe sein". Er wird sich nicht ändern, um der Welt zu gefallen, genau so *dürfen wir uns nicht ändern, um der Welt zu gefallen, sondern uns ändern, um Gott zu gefallen.* Und das ist leichter als du denkst. In dem Moment, in dem du dich entschlossen hast, Gott zu folgen arbeitet er an dich, er ist ständig mit dir und er korrigiert dich, nicht du änderst dich, sondern Gott ändert Dich, weil du es zugelassen hast. Wem willst du gefallen, in welcher Liga spielst du, in der Königsdisziplin oder in der Liga der weltlichen Knechtschaft, wo Satan regiert. **Wessen Kind bist du?**

9. Wenn es einen Gott gäbe, warum passiert das alles? Warum gibt es Krankheiten, Kriege, Gewalt, Unterdrückung, Armut, Ungerechtigkeit auf dieser Welt?

Das ist eine Frage, die mir schon mehrmals gestellt wurde, auch von sog. „Christen", die drei Mal pro Woche in die katholische Kirche laufen, in der Kirche ganz traurig schauen, damit ihr Glauben glaubhafter bei den anderen Anhängern erscheint. Wenn mir jemand diese Frage stellt, der sich bisher mit Gott noch nicht befasst hat und nie was von der Bibel mitbekommen hat, habe ich noch Verständnis. Wenn mir aber diese Frage von einer katholischen Kirchengängerin gestellt wird, dann sage ich nur: Sorry, was für Heuchelei spielst du mir hier vor. Ich wurde schon von den gerade erwähnten „Christen" gefragt, zu welcher Sekte ich gehöre und dass sie nicht wie mich, in einem Tunell leben wollen. Meine Antwort lautet: „Meine Sekte heißt Jesus, der Tunell, in dem ich mich befinde, ist diese Welt, am Ende des Tunells sehe ich Licht. Zu welcher Sekte gehörst du? Ich frage nur, weil es in der Bibel steht, dass man nicht 2 Herren dienen kann. Entweder Gott oder Satan. Weiter füge ich hinzu, dass es in meinem Tunell Licht am Ende zu sehen ist, weil Jesus da auf mich wartet. Aber im deinem Tunell ist finster, auch am Ende ist dein Tunell mit Finsternis erfüllt, weil du das Licht = Jesus verleugnest."

Jetzt aber zurück zu dem Wesentlichen, was sich hinter dieser Frage verbirgt. Um diese Frage ansatzweise zu beantworten, dürfen wir nicht vergessen, wer der Herrscher dieser Welt ist.

In Epheser 2,2 wird *über „das neue Leben als Geschenk der Gnade"* gesprochen. Was meint die Bibel mit „das neue Leben"? Das neue Leben kommt mit der Annahme von Jesus Christus in uns. Derjenige, dem es bewusst ist, dass er nur durch Jesus zum himmlischen Vater kommt, die Autorität von Jesus in seinem Leben akzeptiert, wie Jesus bedingungslos die Autorität seines Vaters, der gleichzeitig unser Vater ist, akzeptiert hat, bekommt ein neues Leben durch Jesus als Geschenk, und das passiert nur aus Gnade.

Epheser 2,4-7: Aber Gott, der reich ist an Barmherzigkeit, hat in seiner großen Liebe, mit der er uns geliebt hat, auch uns, die wir tot waren in den Sünden, mit Christus lebendig gemacht- **aus Gnade** seid ihn selig geworden-; und er hat uns mit auferweckt und mit eingesetzt im Himmel in Christus Jesus, damit er in den kommenden Zeiten erzeige den überschwänglichen Reichtum seiner Gnade durch seine Güte gegen uns in Christus Jesus.

Derjenige, der im Laufe seines Lebens, das nicht erkannt hat und sein neues Leben als Gesenk der Gnade Gottes nicht angenommen hat, bleibt in seinem alten Leben, also in seiner Sünde. Menschen, die sich allein und einzig nach den weltlichen Gesetzen richten, die sich nach Menschen orientieren und Menschen folgen, um Menschen zu gefallen und sich in dieser Welt anpassen, können diese Gnade Gottes nicht erleben, weil sie Gott in Ihrem Leben nicht reinlassen. Noch einmal: Gott zwingt keiner, er will, dass du aus deiner eigenen Überzeugung und Liebe zu ihm kehrst, er wird dich nicht dazu zwingen- (dir ermöglichen ja), aber nicht zwingen. Also wenn du Jesus in deinem Leben nicht kennst, lebst du nicht als Knecht Gottes, sondern als Knecht des Herrschers dieser Welt. Und jetzt langsam kommen wir zu der Frage: wer herrscht über die Welt, in der wir nur vorübergehend leben dürfen? Gott sei Dank nur vorübergehend.

In Epheser 2,1-3 Auch ihr wart tot durch eure Übertretungen und Sünden, in denen ihr früher gelebt habt <u>nach der Art dieser Welt</u>, unter dem Mächtigen, der in der Luft herrscht, nämlich dem Geist, der zu dieser Zeit am Werk ist in den Kindern des Ungehorsams. Unter ihnen haben auch wir alle einst unser Leben geführt in den Begierden unseres Fleisches und taten den Willen des Fleisches und der Sinne und waren Kinder des Zorns *von Natur wie auch die andern.* Also der Teufel war fortan der Herrscher in dieser Welt.

2. Korinther 4,4: den Ungläubigen, denen der Gott dieser Welt den Sinn verblendet hat, dass sie nicht sehen das helle Licht des Evangeliums von der Herrlichkeit zu Christi, welcher ist das Ebenbild Gottes.

Also Satan ist der Fürst auf der Erde, aber Du allein entscheidest, ob er der Fürst in deinem Leben ist. Viele Menschen sehen den Chaos, die Verwirrung, die Not, den Tod in dieser Welt. Vielen Menschen tätigen Aussagen wie: Wenn es einen Gott gäbe, warum gab es einen ersten und einen zweiten Weltkrieg, warum hungern Menschen und vieles anderes. Aber diese Frage, die sich manche selbst stellen, oder Gläubiger mit solchen unüberlegten Fragen zu konfrontieren versuchen, sind die falschen Fragen. Denn die richtige Frage diesbezüglich ist vielmehr, wer ist der Verursacher dieser Krankheiten, Hunger, Not, Kriege, Armut, Wirtschaftskrisen etc. Heute ist es für manche noch einfacher geworden, in dem sie für alles, was auf der Erde schiefläuft, Covid 19, später Covid 20, dann vielleicht Covid 30 die Schuld geben. Nein, da werde ich dich in diesem Buch enttäuschen. Nicht Gott, nicht ein Virus oder ein anderer Sündenbock ist schuld an diesen Missständen in der Welt, sondern nur unsere Entscheidungen.

Hesekiel 28,11- 19: Und des Herrn Wort geschah zu mir: Du Menschenkind, stimm ein Klagelied an über den König von Tyrus und sprich zu ihm: So spricht Gott der Herr: Du warst das Abbild der Vollkommenheit, voller Weisheit und über die Massen schön (der Schönste). In Eden warst du, im Garten Gottes, geschmückt mit Edelsteinen aller Art, mit Sarder, Topas, Diamant, Türkis, Onyx, Jaspis, Saphir, Malachit, Smaragd. Von Gold war die Arbeit deiner Ohrringe und des Perlenschmucks, den du trugst; am Tag, als du geschaffen wurdest, wurden sie bereitet. Du warst ein glänzender, schirmender Cherub, und auf den heiligen Berg hatte ich dich gesetzt; ein Gott warst du und wandeltest inmitten der feurigen Steine. Du warst ohne Tadel in deinem Tun von dem Tage an, als du geschaffen wurdest, bis an dir Missetat gefunden wurde. Durch deinen großen Handel wurdest du voll Frevels und hast dich versündigt. Da verstieß ich dich vom Berge Gottes und tilgte dich, du schirmender Cherub, hinweg aus der Mitte der feurigen Steine. Weil sich dein Herz erhob, dass du so schön warst, und du deine Weisheit verdorben hast in all deinem Glanz, darum habe ich dich zu Boden gestürzt und ein Schauspiel aus dir gemacht vor den Königen. Weil du mit deiner großen Missetat durch unrechten Handel dein Heiligtum entweiht hast, darum habe ich ein Feuer aus dir hervorbrechen lassen, das dich verzehrte und zu Asche gemacht hat auf der Erde vor alle Augen. Alle, die dich kannten unter den Völker haben sich über dich entsetzt, dass du so plötzlich untergegangen bist und nicht mehr aufkommen kannst.“

Wusstest du das Luzifer (in der Bibel noch als Satan, Teufel, Schlange, Drache genannt) ein geschaffenes Wesen ist? Er wurde ohne Tadel, also perfekt geschaffen, Abbild der Vollkommenheit, voller Weisheit, vollkommene Schönheit. Also Gott schuf Luzifer als ein perfektes Wessen, als Abbild Gottes (s. o „auf den heiligen Berg hatte ich dich gesetzt; ein Gott warst du“). Der weiseste und der schönste Engel, mit dem meistrespektierten Rang im Himmel. Er ist in der Bibel als schirmender Cherub genannt, also Engel von hohem Rang, der für besondere Aufgaben herangezogen wird und über anderen Engel steht. Ein Cherub stand in unmittelbarer Nähe von Gott. Er war privilegiert von Gott bis zu seinem Fall. Im Hesekiel 28, 17 wird die große Rebellion Luzifer gegen Gott beschrieben: „dein Herz hat sich überhoben, wegen deiner Schönheit“. **Der Prophet Jesaja 14,13** beschreibt genauer die Absichten von Luzifer, die zu seinem Fall führten: **„Und doch hattest du dir in deinem Herzen vorgenommen: ich will zum Himmel emporsteigen und meinen**

Thron über die Sterne Gottes erhöhen und mich niederlassen auf dem Versammlungsberg im äußersten Norden ich will emporfahren auf Wolkenhöhen dem Allerhöchsten mich gleich machen." Wegen seiner Schönheit, Weisheit, Vollkommenheit wurde er stolz. Er wollte an Stelle von Gott regieren und wurde übermütig. In Hesekiel 28,15 lesen wir: „du warst ohne Tadel in deinem Tun von dem Tage an, als du geschaffen wurdest, bis an dir Missetat gefunden wurde". Die Bibel definiert Sünde als das Brechen des Gottes Gesetzes.

Indem Luzifer mit dem Rebellieren gegen Gott angefangen hat, hat er sich von ihm auch entfernt. Mit der Entfernung von Gott, kommt die Sünde. Denn wenn man sich von Gott entfernt, nicht mit Gott lebt, entfernt man sich auch von seinen Gesetzen, Geboten, was zum Nichtfolgen der Gesetze Gottes führt und letztendlich zum Bruch des Gesetzes. Also die Entfernung von Gott ist eigentlich die Sünde, weil die Entfernung mit dem Bruch des Gottesgesetzes gleichgestellt wird. Es ist einfach logisch: wenn man jemanden respektiert, respektiert man auch seine Regeln, seine Ordnung und seine Autorität, mit der Respektlosigkeit kommt das Gegenteil, nämlich Verachtung und Bekämpfung. Respektlosigkeit kommt aber aus Stolz. 1.Johannes 3, 4: „Jeder, der die Sünde tut, der tut die Gesetzlosigkeit" und die Sünde, also die Entfernung von Gott ist die Gesetzlosigkeit. Luzifer wurde schuldig, das Gesetz gebrochen zu haben, das er vorher behütete. Also nicht Gott hat Satan erschaffen, sondern Satan sich selbst durch seine Entscheidung, sich von Gott zu entfernen. Gott schuf ein wunderbares Wessen, vollkommen in allem, Luzifer war sehr weise, er dürfte selbst seine Entscheidungen treffen. Gott schuf ein vollkommenes Wessen, genauso vollkommen wie jeder Mensch bei seiner Geburt ist. Denn Menschen werden nicht entfernt von Gott in diese Welt geboren. Babys sind vollkommen, ohne Sünde und unbefleckt. Erst im Laufe unseres Lebens entscheiden wir uns, welchem Herrn wir dienen wollen, denn *„Niemand kann zwei Herren* *dienen: entweder er wird den einen hassen und den andern lieben, oder er wird dem einen anhangen und den andern verachten. Ihr könnt nicht Gott dienen und dem Mammon."* (Matthäus 6,24).

Hast du schon mal daran gedacht, wie wundervoll wir Menschen erschaffen sind, keiner ist dem anderen gleich. Jeder Mensch hat eine eigene DNA, die nicht noch einmal bei einem anderen Menschen zu finden ist. Die Menschen selbst fangen damit an, sich mit anderen zu vergleichen, sich in jeder Situation anzupassen, sich selbst unter Druck zu setzen. Menschen fangen an, sich Menschen als Idolen auszusuchen, sie nachzumachen, sich zu verstellen, damit sie wie jemandem anderen aussehen. Das ist der Anfang des Stolzes. Bewusst oder unbewusst will man sich mit dieser Entscheidung dem Allmächtigen Gott, unserem Schöpfer widersetzen, sich dabei zu denken; „ich mache was ich will", „ich bin Gott in meinem Leben", „ich verändere mich, wie ich will" und entferne mich vom Schöpfer.

Denn wie will jemand, der sich selbst nicht akzeptiert und respektiert, den Schöpfer akzeptieren und respektieren? Das ist unmöglich, genauso wie damals beim Luzifer es unmöglich war. Gott schuf uns aus Liebe, deswegen hat er uns die größte Freiheit, die man erlangen kann, gegeben, nämlich <u>die Freiheit selbst zu entscheiden</u>. Gott will nicht durch Zwang, Täuschung und Manipulation Menschen an seine Seite gewinnen, das sind die Mittel von Satan, aber nicht von Gott. Gott wartet geduldig darauf, dass du dich selbst für ihn entscheidest. Gott will nur Gehorsam aus Liebe, niemals aus Zwang oder Angst. An dieser Stelle musst du bedenken, dass nur im Gott Leben ist. Nur er kann dir Leben geben. Er, dein Schöpfer -*1. Mose 2,7: „Gott der Herr machte den Menschen aus Erde vom Acker und blies ihm den Odem des Lebens in seine Nase und so wurde der Mensch ein Lebendiges Wesen."* Wenn wir uns gegen Gott entscheiden, entscheiden wir uns gegen das Leben und für den Tod. Die Rebellion Luzifer ist der beste Beweis für seinen freien Willen.

Luzifer   ist der lateinische Name für Morgenstern (Venus). Wörtlich übersetzt bedeutet er „Lichtträger". Also der Lichtträger wurde zum Satan, der Gegenspieler aus eigener Entscheidung. Im Buch der Offenbarung lesen wir über weitreichende Folgen seiner Entscheidung. In der **Offenbarung 12,7-9**: *„und es entbrannte ein Kampf im Himmel: Michael und seine Engel kämpften gegen den Drachen (also Satan). Und der Drache kämpfte und seine Engel und sie siegten nicht, und ihre Stätte wurden nicht mehr gefunden im Himmel. Und es wurde hinausgeworfen der große Drache, die alte Schlange, die da heißt: Teufel und Satan, der die ganze Welt verführt, und er wurde auf die Erde geworfen, und seine Engel wurden mit ihm dahingeworfen."*

Viele fragen sich an dieser Stelle vielleicht, warum Gott Satan mit samt seinen gefallenen Engel nicht gleich vernichtet hat. Hätte er sie vernichtet, wäre die ganze Welt nicht verführt. Überlegt aber, was für eine Folge das hätte. Die Vernichtung von Satan und seinen Engel hätte zur Folge, dass alle Gott aus Furcht anbeten und akzeptieren würden. Das will Gott aber nicht, unser lebendiger Gott will nicht durch die Furcht seiner Geschöpfe regieren. Er will Gehorsamkeit aus Liebe seiner Geschöpfe ihm gegenüber. Hier an dieser Stelle will ich alle Zweifler, die nur noch nach Zweifel in sich suchen, weil sie zu stolz sind, Gott anzuerkennen und ihn über ihr Leben zu stellen, sagen: Ihr Lieben, diese Zweifel kommen direkt von Satan, Satan ist der Urheber des Zweifels. Er kann nur lügen, täuschen, beängstigen, verunsichern, krank machen und so weiter. Er ist derjenige, der das Böse benutzt, um Menschen zu manipulieren. Unser Gott ist dagegen ein Gott der Liebe, der Zuversicht, der Zuflucht, der Wahrheit und der Freiheit. Er gibt uns den freien Willen. Nicht zu vergessen ist, dass nichts zufällig passiert, Gott hat alles im Griff und Gott ist ein weiser und gerechter Gott. Er hat es zugelassen, dass Satan und seine Engel auf die Erde kommen, damit wir das Böse mit den eigenen Augen sehen und erkennen können, damit wir als freie, weise Menschen eine Abwägung zwischen Gut und Böse treffen können und uns aus freiem Willen für die Wahrheit entscheiden. Denn Gott ist die Wahrheit/ Satan die Lüge. Denn Gott ist das Leben/ Satan der Tod. Denn Gott ist weise / Satan listig. Versteht Ihr, was ich zum Ausdruck bringen will? Wir alle müssen die Verantwortung für unser Leben übernehmen und jeden Tag in jeder Situation hinterfragen und eine Abwägung treffen. Denn wie will einer für sich, für seine Familie für anderen Verantwortung übernehmen, wenn er entfernt von Gott in der Dunkelheit wandelt. Das geht nicht, wenn du Gott nicht in jeder Situation in deinem Leben bewusst suchst, kannst du nie die volle Wahrheit erkennen. Denn da, wo du wieder versuchst aus eigener Kraft entfernt von Gott etwas zu erreichen, gibst du automatisch sehr viel Freiraum Satan, in deinem Leben und in dem Leben deiner Liebsten, Unheil zu verrichten. Auch Gläubige, die die Bibel lesen, werden leichter zum Opfer von dem Gegner, als ich dachte. Aber warum, warum wird man getäuscht, obwohl man die Bibel liest? Zuallererst müssen wir verstehen, dass Satan eine reale Kreatur ist und diese Kreatur dich schneller zerstören kann, als du denkst. Satan erfreut sich, wenn er als eine Comicfigur dargestellt wird. Eine Figur mit Hörner und Hufen. Dies lässt ihn als eine Phantasiefigur erscheinen. Auch ich selbst habe bis im Frühjahr 2020 diese Figur in der Bibel außer Acht gelassen, sogar bewusst außer Acht gelassen, weil ich eventuell auch Ängste hatte, mich damit zu beschäftigen. Aber wie willst du dich vor dem Feind schützen, wenn du ihn nicht kennst und seine Existenz nicht wahrnehmen willst. Keine Chance, das habe ich Anfang des Jahres 2020 auch eins für allemal kapiert. Natürlich wurde ich von anderen Christen gewarnt, aber ich bin so der Mensch, der nicht hört, ich muss mich selbst überzeugen und die Wahrheit selbst erkennen. Hören und einfach machen, ohne selbst Logik in etwas zu finden, ohne es selbst verstanden zu haben, bringt auch nichts. Ich habe selbst meine Erfahrungen gemacht, ich habe selbst gesehen, wie viel Macht ich Satan in meinen Leben gegeben habe, indem ich mich bewusst von Gott entfernt habe und Sachen gemacht habe aus Trotz, aus Stolz aus Rebellion. Durch diese Erfahrungen kam ich zu 100% zu Gott, früher war ich lauwarm. Es ist sehr gefährlich lauwarm auf Dauer zu bleiben, denn dann bist du gefundenes Fressen für Satan, ohne es zu merken! Wir stehen einem mächtigen und realen Feind gegenüber. In *1.Petrus 5,8* werden wir gewarnt: *„seid nüchtern und wacht; denn euer Widersacher, der Teufel, geht umher wie ein brüllender Löwe und sucht, wenn er verschlinge."*

Die Strategien von Satan sind unterschiedlich: Lüge, Krankheit, Täuschung usw.

➢ **Lüge**: Satan ist ein Lügner: *Johannes 8,44: Wenn er Lügen redet, so spricht er aus dem Eigenen; denn er ist ein Lügner und der Vater der Lüge.*

➢ *Krankheit und Schmerz: Satan verursacht sie >> Hiob 2,7: Da ging der Satan hinaus von Angesicht des Herrn und schlug Hiob mit bösen Geschwüren von der Fußsohle an bis auf seinen Scheitel. In vielen Situationen kommen Krankheiten wegen ungesunder Ernährung, doch Satan selbst hat auch die Fähigkeit Krankheiten zu verursachen: Erinnern wir uns an die Gegensätze oben Gott ist Leben / Satan Tod.*

➢ **Täuschung**: Satan kann sich so verstellen, dass du denkst, es komme von Gott. Denke an die Jesu Versuchung in der Wüste. Matthäus 4,5-6: *da führte ihn der Teufel mit sich in die Heilige Stadt und stellte ihn auf die Zinne des Tempels und sprach zu ihm (zu Jesus): bist du Gottes Sohn, so wirf dich hinab; denn es steht geschrieben (Psalm 91,11-12): >>Er wird seinen Engel deinetwegen Befehl geben; und sie werden dich auf den Händen tragen, damit du deinen Fuß nicht an einen Stein stößt.<<* Allein das, dass jemand Bibelstellen auswendig gelernt hat und diese besonders liebevoll zitiert, bedeutet nicht, das er mit guten Absichten zu dir kommt und das Gotteswort spricht!

In **1. Petrus** steht: „**Sei nüchtern und wacht**", hinterfrage und treffe eine Abwägung immer! Wenn wir alles anhand des Gottes Wortes überprüfen, hat Satan keine Chance, ganz im Gegenteil, er hält sich fern von uns. Die Antwort Jesu lautete: *„wiederum steht auch geschrieben (5.Mose 6,16): >> Du sollst den Herrn, deinen Gott, nicht versuchen. <<"*

Satan versuchte Jesus weiter **Matthäus 4,8-9:** *„darauf führte ihn der Teufel mit sich auf einen sehr hohen Berg und zeigte ihm alle Reiche der Welt und ihre Herrlichkeit und sprach zu ihm: das alles will ich dir geben, wenn du niederfällst und mich anbetest."*

Also an dieser Stelle dürfen wir nicht vergessen, dass Jesus ganz genau wusste, warum er auf die Erde gekommen war und er auch ganz genau wusste, was auf ihn zukommt, nämlich Erniedrigung, Verachtung, Schmerz, Qualen, Folter und Grausamkeiten, die man sich nicht vorstellen kann. Keiner auf dieser Erde hat bisher so grausam gelitten wie Jesus Christus. In diesem Moment sah Jesus das alles und er hatte Angst, Schweiß ist auf seiner Stirn ausgebrochen, allein bei den Gedanken, was noch auf ihn zukommen wird. Dann hat sich Jesus in der Situation gesehen, nämlich wie würde er dastehen, wenn er das alles vom Satan annimmt und ihn anbetet: er hat sich auf den Thron gesehen, geehrt, bewundert, um ihn herum Diener, die ihm sogar die Füße küssten.

Und jetzt kommt der Triumph. Was machte Jesus: er hat alles nüchtern betrachtet und eine Abwägung getroffen. Er hat die kurze Herrschaft und das falsche Verehren abgelehnt und entschied sich für den Vater, wo er später zu seiner rechten Hand sitzt auf dem Thron als der ewige Herrscher und König. Er hat erkannt, dass Satan ihm eine listige, knappe, sehr zeitlich begrenzte Herrschaft anbietet, im Gegensatz zu ihm bietet ihm sein Vater eine Herrschaft als König der Könige auf Ewigkeit. Jesus kannte das Wort Gottes, er konnte sich währen. Deswegen ist es so wichtig, das Wort Gottes zu kennen, denn das Wort ist unser Schutz. Die Antwort Jesu lautete „Weg mit dir Satan!". Also

Jesus war sofort in der Lage nach kurzer Abwägung, Satan als solcher zu erkennen und mit Worten zu verbannen. Wohl bemerkt: Worte aus der Bibel. Genau so müssen wir auch in der Lage sein, das falsche zu erkennen und zu meiden, sowie es mit dem Gottes Wort zu verbannen. Jesus sprach weiter: *„es steht geschrieben (5.Mose 6,13): >>Du sollst anbeten den Herrn, deinen Gott, und ihm allein dienen.<<"*

Was passierte unmittelbar danach? – *„da verließ ihn der Teufel. Und sehe da traten Engel zu ihm und dienten ihm."* Also es passierten 2 Sachen: Erstens: Der Teufel hat Jesus verlassen, Jesus hat ihm keine Chance gegeben, um ihn anzugreifen. Er war in dieser Situation besiegt. Zweitens: Engel kamen und dienten Jesus. Warum kamen sie erst jetzt? Gute Frage oder, ich hoffe du kannst sie an dieser Stelle selbst beantworten, bevor du weiterliest. Warum kamen die Engel nicht vor der Versuchung, sondern nach der Versuchung. Gott will von uns eine Beziehung, eine enge, vertraute und sehr intime Beziehung. Diese Beziehung soll aber auf das richtige Fundament gebaut werden, nämlich auf deinen Glauben, der aus Überzeugung, Liebe und Vertrauen zu Gott kommt. Das ist unser Gott, der war, ist und derselbe wiederkommt, der Allmächtige. Wären die Engel früher gekommen, vor oder während der Versuchung, wäre der Entschluss Jesu beeinflusst. Seine Entscheidung Gott zu folgen und ihm allein zu dienen wäre nicht aus 100 % Überzeugung, Vertrauen zu Gott und Liebe zu Gott erfolgt. Gott schafft keine Maschinen, sondern Menschen mit freiem Willen, die die Verantwortung selbst tragen und seine Entscheidungen auf freiwilliger Basis treffen. Deswegen kamen die Gottes Engel erst nach der Versuchung. Ihr Lieben bekannt und unbekannt, ab 2015 bis Anfang 2020 war ich ein lauwarmer Gläubiger. Anfang September 2020 hat mich Gott geprüft, er wollte einfach wissen, ob ich bereit bin für ihn alles aufzugeben: Wohnung, Job etc. War schwer, ich habe 3 Nächte lang nicht geschlafen, Ich habe geweint bei der Vorstellung gewisse Sachen abzugeben, ich war überfordert, aber jetzt sage ich ganz dankbar: ich habe Gott vertraut und ihm gefolgt, ich habe alles gemacht, was er von mir wollte. Ab diesem Zeitpunkt veränderte sich alles wie ein Wunder, die Engel Gottes waren bei mir. Ab diesem Zeitpunkt war alles leicht. „Loslassen, Gott überlassen" war die wichtigste und prägendste Entscheidung in meinem Leben. Wir hängen an Sachen wie Auto, Haus, Geld. Diese Sachen sind vergänglich und das hat uns 2020 vor Augen geführt.

➢ **Falsche Wunder, die Falle des Teufels:** *Offenbarung 16,14: „es sind Geister von Teufeln, die tun Zeichen und gehen aus zu den Königen der ganzen Welt, sie zu versammeln zum Kampf am Großen Tag Gottes, des Allmächtigen."* Auch hier ist Vorsicht geboten, heutzutage ist die Welt überfüllt von Esoterik, Magier, Taro Kartenleser, Aberglaube und viel anderes. Wir dürfen nicht alles glauben, was wir sehen und sehen werden. Es werden in der Endzeit viele Wunder den Menschen vorgestellt, um diese von Gott zu trennen und sie zu überlisten. **Wir sind nur dann an der richtigen Seite, wenn wir alles anhand der Bibel überprüfen.** Diejenige die angeblich von Gott reden, aber den Namen Jesus nie erwähnen, reden wie Satan in der Wüste, als er versucht hat Jesus in Versuchung zu bringen. Unser Herr ist Jesus Christus und nicht irreführende Lehren wie: Karma, Buddhismus, Energie, Anziehung, Partikel aus dem Universum und ähnliches zutiefst dämonisches Zeug.
Wir sollen sehr vorsichtig sein, wem wir unseren Geist überlassen!

➢ **Täuschendes Aussehen und täuschende Rede**: Satan und seine Engel können sich als Engel verstellen, gutaussehende und gut redende Menschen sind nicht immer so gut, wie sie vorgeben. *Satan kann sich als Engel des Lichtes verstellen und uns täuschen (2.Korinther 11,14).*

➢ **Der Teufel ist ein Mörder:** *Johannes 8,44: „Ihr habt den Teufel zum Vater, und nach eures Vaters Gelüste wollt ihr tun.*

Der ist ein Mörder von Anfang an." Er war ein Menschenmörder von Anfang an. Der Satan und nicht Gott ist für das ganze Böse, Zerstörung, Mord, Tod, Leid etc. auf dieser Welt verantwortlich. Wir entscheiden selbst, ob Mord oder Leben in dieser Welt herrschen soll. Willst du kein Leid sehen, keinen Krieg, Keine Armut, keine Unterdrückung? Warum folgst du dann die Menschheit blind, ohne zu hinterfragen, anstatt Gott um Antworten und Hilfe zu ersuchen. Viele Menschen, sehr viele machen alles mit, damit sie es leichter haben hier in dieser Welt, damit sie gar keine Unbequemlichkeiten bekommen. Viele sehen, was auf der Welt passiert und reagieren trotzdem nicht, mit Ihrem Schweigen unterstützen sie das Böse. Und dann, dann stellen genau diese Menschen die Frage: „Ach du und dein Gott. Wenn Gott existiert, warum gibt es alle diese bösen Sachen?" Meine Antwort ist knackig: Weil die Menschen nicht Gott folgen, sondern Satan. Das ist meine Antwort und ich stehe zu meiner Antwort.

➢ **Zweifel kommen von Satan.** Er brachte Tod, Zerstörung und Leid in dieser Welt, indem er Adam und Eva zur Sünde verführt hat. Adam und Eva waren in dem Garten Eden und dürften von allen Bäumen essen, ausgenommen von einem. Satan brachte die ersten Menschen in der Gottes Schöpfung dazu, das Gebot Gottes zu übertreten. „da sprach die Schlange zum Weibe: *1.Mose 3,4: „ihr werdet keinesfalls des Todes sterben, sondern Gott weiß: an dem Tage, da ihr davon esset, werden eure Augen aufgetan, und ihr werdet sein wie Gott und wissen, was gut und böse ist.* Satan brachte Eva dazu, das Wort Gottes anzuzweifeln. Auch heute ist es nicht anders: die Hauptlehre des Satanismus ist: „Tu was immer du willst", das soll das ganze Gesetz sein. Das hat sich auch unter vielen Christen eingeschlichen. Viele Christen sind der Meinung, dass sie heute das Gottes Gesetz nicht mehr zu befolgen brauchen, weil sie unter der Gnade Gottes stehen. Das ist aber auch eine Täuschung von Satan und die Christen, die sich auf das menschliche Wort von anderen verlassen und nicht selbst in der Bibel suchen, fallen sehr schnell in der Falle des Teufels hinein und entfernen sich von Gott, indem sie die Gottes Gesetze nicht folgen. Lasst euch nicht täuschen, die Gesetze Gottes sind einzuhalten. Das lesen wir auch eindeutig in der Bibel, sogar in dem neuen Testament. **Matthäus 5,17:** *„Ihr sollt nicht meinen, dass ich gekommen bin, das Gesetz oder die Propheten aufzulösen, sondern zu erfüllen."* Sagte Jesus. Also Jesus selbst hat es uns bestätigt und geboten, die Gesetze zu halten. Er selbst hat uns sogar noch ein Gebot dazu geben. **Johannes 3,34-35:** *„ein neues Gebot gebe ich euch, dass ihr euch untereinander liebt, wie ich euch geliebt habe, damit auch ihr einander liebt habt. Daran wird jedermann erkennen, dass ihr meine Jünger seid, wenn ihr Liebe untereinander habt."* In **Johannes 14,15** sagt Jesus: *"Liebt ihr mich, so werdet ihr meine Gebote halten."*

Wir sollen in schwierigen Situationen nicht verzweifeln, Jesus hat Satan und seine List überwunden, er hat uns gezeigt, dass es geht und wie es geht. Jesus nahm die Strafe des Todes auf sich, die eigentlich unsere war. Er starb für uns als Lamm (Sündenbock) am Kreuz. Jesus Christus lebte unter uns ein Leben voller Aufopferung, Gehorsam und Demut gegenüber Gott, in **Johannes 15,10** sagt Jesus: *„wenn ihr meine Gebote haltet, so bleibt ihr in meiner Liebe, wie ich meines Vaters Gebote halte und bleibe in seiner Liebe"*.

Als Jesus für unsere Sünden am Kreuz starb, könnten wir sehen, wie Gnade und Gerechtigkeit aneinander küssten. In diesem Moment wurde Satan entlarvt und für immer besiegt. Jesus bewies, dass Satans Vorwürfe gegen das Gottes Gesetz falsch waren. Mit seinem Opfer bewies er, dass das Gesetz Gottes niemals verändert werden konnte. Das Ergebnis der Übertretung des Gesetzes musste bezahlt werden, sogar von Gott selbst. Jesus Christus, der beides war: Gott und Mensch hat niemals gesündigt, jedoch nahm er unsere Sünden auf sich und bezahlte somit die Todesstrafe. Hier sehen wir die Gottes Gnade. Gott hat seinen eingeborenen, geliebten Sohn für uns hingegeben, damit wir errettet werden, damit wir leben können, damit wir ewiges Leben bekommen. Gott versöhnte durch Jesus am Kreuz die Menschen mit sich selbst. *Jesaja 53, 5 „durch seine Wunden sind wir geheilt".* Bei seinem letzten Atemzug sagte Jesus am Kreuz: *„Es ist vollbracht".* Mit diesen mächtigen Worten erschallte der Todesspruch für Satan. *Hebräer 2,14-15: „Weil nun die Kinder von Fleisch und Blut sind, hat auch er es gleichermaßen angenommen, damit er durch seinen Tod die Macht nähme dem, der Gewalt über den Tod hatte, nämlich dem Teufel und die erlöste, die durch Furcht von dem Tod im ganzen Leben Knechte sein mussten."* Jesus Sieg über Sünde und Tod war so vollständig, dass er am 3 Tag auferstanden ist.

Aber wie wir alle sehen, ist der Kampf zwischen Gut und Böse noch nicht vorbei. In der *Offenbarung 12,12* lesen wir: *„darum freut euch, ihr Himmel und die darin wohnen! Weh aber der Erde und dem Meer! Denn der Teufel kommt zu euch hinab und hat eine große Wut und weiß, dass er wenig Zeit hat."* Satan versucht so viel wie möglich zu zerstören und so viel Menschen wie möglich mit sich in den Tod zu nehmen. *„Aber in dem allen überwinden wir weit durch den, der uns geliebt hat." (Römer 8,37).* Alles liegt in deiner und in meiner Hand. Wir können siegreich über Sünde und Satan sein. *„so gibt es nun keine Verdammnis für die, die in Christus Jesus sind. Denn das Gesetz des Geistes, der lebendig macht in Christus Jesus hat dich frei gemacht von dem Gesetz der Sünde und des Todes." (Römer 8,1-2).* Von uns wird verlangt, stets bewaffnet zu sein und damit erfolgreich die Angriffe des Teufels besiegen. Die Waffe ist: unser Glauben an den Vater, den Sohn und den heiligen Geist/ das tägliche Beten/ Lesen und studieren der Bibel, damit wir nicht überlistet werden/ Predigten hören, denn der Glaube kommt von Hören. *Römer 10,17: „So kommt der Glaube aus der Predigt, das Predigen aber durch das Wort Christi". Jakobus 4,7: „So seid nun Gott untertan. Widersteht dem Teufel, so flieht er von euch."* (genauso wie er vor Jesus in der Wüste geflohen ist).

Wer die Nachrichten sieht, weiß was gerade passiert. Wer die Bibel liest, weiß warum es passiert.

Liebe Geschwister wir dürfen nicht vergessen mit wem wir zu kämpfen haben. Wir kämpfen nicht mit Fleisch und Blut, sondern führen einen geistigen Krieg, der Krieg gegen Satan und seine Dämonen. Wir brauchen die geistliche Waffenrüstung.

Epheser 6. 10- 20: „Zuletzt: Seid stark in dem Herrn und in der Macht seiner Stärke. Zieht an die Waffenrüstung Gottes, damit ihr bestehen könnt gegen die listigen Anschläge des Teufels. Denn wir haben nicht mit Fleisch und Blut zu kämpfen, sondern mit Mächtigen und Gewaltigen, mit den Herren der Welt, die über diese Finsternis herrschen, mit den bösen Geistern unter dem Himmel. Deshalb ergreift die Waffenrüstung Gottes, damit ihr an dem bösen Tag Widerstand leisten und alles überwinden und das Feld behalten könnt. So steht nun fest, umgürtet an euren Lenden mit Wahrheit und angetan mit dem Panzer der Gerechtigkeit und beschuht an den Füßen, bereit für das Evangelium des Friedens. Vor allen Dingen aber ergreift den Schild des Glaubens, mit dem ihr auslöschen könnt alle feurigen Pfeile des Bösen, und nehmt den Helm des Heils und das Schwert des Geistes, welches ist das Wort Gottes. Betet allezeit mit allem Bitten und Flehen im Geist und wacht dazu mit aller Beharrlichkeit und Flehen für alle Heiligen und für mich, dass mir das Wort gegeben werde, wenn ich meinen Mund auftue, freimütig das Geheimnis des Evangeliums zu verkündigen, dessen Bote ich bin in Ketten, dass ich mit Freimut davon rede, wie ich es muss. "

Werde ein Kämpfer, der nicht mit Fleisch und Blutt kämpft, sondern mit der Waffenrüstung Gottes gegen den richtigen Feind! Werde ein Gottes Kind und sei behütet und gesegnet im Jesus Christus Namen. Amen

© 2024 Atanaska Stoyanova
Verlag: BoD • Books on Demand GmbH, In de Tarpen 42,
22848 Norderstedt
Druck: Libri Plureos GmbH, Friedensallee 273,
22763 Hamburg
ISBN: 978-3-7597-8848-1